AF169046

BITCOIN Millionäre
Satoshi's Erben packen aus

Kai Teich
K. Gabler, O. Wöhe, M. Popp, B. Müller

BITCOIN Millionäre
Satoshi's Erben packen aus

FSC
www.fsc.org
MIX
Papier aus ver-
antwortungsvollen
Quellen
Paper from
responsible sources
FSC® C105338

Bibliografische Information der Deutschen Nationalbibliothek:
Die Deutsche Nationalbibliothek verzeichnet diese Publikation in der
Deutschen Nationalbibliografie; detaillierte bibliografische Daten sind im
Internet über http://dnb.dnb.de abrufbar.

© *2013 Kai Teich, K. Gabler, O. Wöhe, M. Popp, B. Müller*

Herstellung und Verlag:
BoD - Books on Demand, Norderstedt

ISBN: 978-3-7322-9231-8

Inhalt

	Vorwort	6
	Die Geschichte des Bitcoins	7
	Was ist Bitcoin?	9
Teil 1:	Die neuen Bitcoin-Millionäre	
	Der Spieler	11
	Der Investmentbanker	16
	Der Freak	22
	Der Buchhalter	28
	Die Prostituierte	33
	Die Wettmafia	37
	Der Hacker	41
	Der Kater Curry	47
	Der Süchtige	52
	Der Lehrer	56
	Der Miner	59
	Der Arbeitslose	64
	Der Pastor	75
Teil 2:	Bitcoin Kurs-Bingo	80
	Wichtige Begriffe	93
	informative Internetadressen	95

Vorwort

Bitcoin ist eine der rasantesten Erfolgsgeschichten in der Finanzwelt. Während leidenschaftlich darüber diskutiert wird, ob Bitcoin nur Geld sei oder eine Währung oder eine Spekulationsblase, gewinnt dieses Finanzinstrument immer mehr an Wert.

Sogar das deutsche Finanzministerium hat sich zum Bitcoin geäußert und ihn als Finanzinstrument und Verrechnungseinheit anerkannt.

Das Bitcoin-System ist revolutionär neu. Eine Erscheinung des Internetzeitalters. Bitcoin gehört niemandem. Es gibt keine zentrale Ausgabestelle. Bitcoins werden gemeinschaftlich von allen Benutzern kontrolliert und verwaltet, was natürlich nur mit moderner Software und Computern möglich ist.

Manche halten Bitcoin für das Zahlungsmittel der Zukunft, andere predigen mit Halbwissen und Falschbehauptungen gegen ihn. Und wieder andere werden mit dem Bitcoin ganz im Stillen reich.

Mit einigen dieser Menschen habe ich gesprochen. Vielleicht fühlt sich dadurch der eine oder andere Leser inspiriert, sich intensiver mit Bitcoin zu befassen. "Alte" Bitcoiner werden sich bestätigt fühlen.

Und da wir erst ganz am Anfang dieser globalen Erfolgsgeschichte stehen, kann dieses kleine Buch sicherlich für einige der Aufbruch in die finanzielle Freiheit sein.

Ich wünsche Ihnen viel Spaß beim Lesen
und eine aufregende Zeit mit dem Bitcoin!

PS: Die Ansichten der Interviewten stimmen nicht immer mit meiner eigenen Auffassung überein. Zum Teil sind Sprache und Grundhaltung recht rau.

Die Geschichte des Bitcoins

1998	Wei Dai und Nick Szabo veröffentlichen die Idee einer kryptographischen Währung.
2008	Satoshi Nakamoto schlägt das Konzept des Bitcoin in einem Whitepaper vor.
3. Januar 2009	Der erste Block wird berechnet. Es gibt 50 Bitcoins.
2010	Zwei Pizzen werden für 10.000 (zehntausend) Bitcoins verkauft.
2010	Banken und Zahlungsdienstleister sperren alle Wikileaks-Konten. Wikileaks ruft auf, Bitcoins zu spenden und bleibt so handlungsfähig.
15. August 2010	Das Bitcoin-Netzwerk wird gestoppt, nachdem einer Testüberweisung 18,4 Milliarden Bitcoins gutgeschrieben wurden. Der Softwarefehler wird umgehend behoben.
Ende 2010	Alpaka-Socken gehören zu den ersten kommerziell gegen Bitcoins gehandelten Waren.
Januar 2013	42.000 Computer beteiligen sich an der Verwaltung des Bitcoin-Systems.
März 2013	Die Bitcoin Software QT-Client wird in einem Monat 270.000 mal heruntergeladen.
11. März 2013	Durch einen Softwarefehler spaltet sich die Blockchain. Die großen Bitcoin-Börsen blockieren die Annahme von Bitcoin-Zahlungen. Der Kurs bricht innerhalb von zwei Stunden von 48,50 auf 38 US-Dollar ein.
10. April 2013	Der Bitcoin-Kurs stürzt an einem Tag von 263 US-Dollar auf 135 Dollar.

August 2013	Der Abgeordnete Frank Schäffler lässt sich durch eine Anfrage an das Bundesfinanzministerium von der BaFin bestätigen, dass Bitcoin eine Rechnungseinheit und somit Finanzinstrument im Sinne des Kreditwesengesetzes ist. Diese offizielle Auskunft wird in der Bitcoin-Community als "amtliche Bestätigung" des Bitcoins gefeiert.
21. September 2013	Mitglieder der Bitcoin-Community in Frankfurt am Main gründen Bitcoin Life, einen auf dem Volkskassenprinzip basierenden Vermögensbildungs- und Altersvorsorgeplan. Das Konzept ist von der BaFin (Finanzaufsichtsbehörde) geprüft.
27. November 2013	Der Bitcoin-Kurs übersteigt 1000 Dollar.

Was ist Bitcoin?

Mit Bitcoins kann man bezahlen. Mit Bitcoin kann man Werte aufbewahren und transferieren. Man braucht dazu keine Bank.

Bitcoins sind fälschungssicher, unkontrollierbar, unverbietbar, unkonfiszierbar und kostengünstig aufzubewahren und zu bewegen. Bicoin ist wie ein einziges, weltweit geführtes Konto. Jeder kann alle Kontobewegungen sehen, aber nur über den Teil verfügen, der ihm gehört. Den ewigen und weltweiten Kontoauszug nennt man Blockchain (Blockkette).

Mit Bitcoin sind noch sehr viele andere Dinge möglich, die bisher aber noch nicht oder nur kaum genutzt werden. Bitcoin kann als Register für Aktien, Hypotheken oder zur Identifikation genutzt werden. Mit Bitcoin kann man Nachrichten signieren und verschlüsseln. Und vieles mehr.

Alle Teilnehmer am Bitcoin-System erkennen das selbe kryptographische Protokoll an. Eine Überweisung von einem (Unter-)Konto auf ein anderes wird durch das Lösen einer komplizierten mathematischen Aufgabe bestätigt. Das erledigen tausende von Computern, die sich freiwillig zum Bitcoin-Netzwerk zusammenschließen.

Bitcoins werden von keiner Zentralbank herausgegeben. Die Bitcoin-Software stellt nach einer fest vorgegeben Rechenvorschrift äußerst schwierige mathematische Rätsel. Wer solch ein Rätsel zuerst löst, erhält neue Bitcoins. Zur Zeit bekommt man für das Lösen eines Blocks 25 Coins.

Das Lösen von Blocks nennt man minen. Ungefähr alle vier Jahre halbiert sich die Belohnung für das Lösen eines Blocks. Es können nie mehr als 21 Millionen Bitcoins entstehen. Die Untereinheit des Bitcoins ist der Satoshi. Ein Bitcoin hat 100 Millionen Satoshi.

Es sind somit maximal 2.100.000.000.000.000 Satoshi möglich.
Zum Vergleich: Die Geldmenge M3 der Eurozone beträgt ca.
10.000.000.000.000 Euro. Die US-Dollar-Geldmenge MZM beträgt ungefähr 11.000.000.000.000 Dollar. Zusammen also 2.100.000.000.000.000 Cents.
Ein Satoshi entspricht also ziemlich genau einem Cent. Ein Bitcoin ist demnach 100 Millionen Cent, bzw. 1 Million Euro/Dollar. Rechnet man die anderen großen Volkswirtschaften hinzu, erhöht sich der Erwartungspreis des Bitcoins

entsprechend. Wirtschaftswachstum und andere werterhöhende Faktoren sind noch nicht einberechnet. In einem internen Papier einer großen Ratingagentur wird der innere Wert eines einzelnen Bitcoins für das Jahr 2025 auf 28 Millionen Dollar geschätzt.

Im Moment (Dezember 2013) gibt es ungefähr 12 Millionen Bitcoins. Alle 10 Minuten kommen neue 25 Bitcoins hinzu.

Der Anwender braucht von all dem nichts zu verstehen. Sein Computer erledigt alles bequem und einfach für ihn. Der Quellcode der Bitcoin-Software ist öffentlich einsehbar, sodass der Rechner nur das tut, was er soll.

Der Spieler

Mustafa ist Produktionsmitarbeiter und stellvertretender Gruppensprecher bei einem großen Automobilhersteller in Süddeutschland.

F: Mustafa, ich habe dich ja erst vor kurzem kennen gelernt. Erzähle ein wenig von dir.

A: Ja, was soll ich sagen? Ich bin 29 Jahre alt, komme aus Stuttgart und bin verheiratet.
Wir haben eine kleine Tochter. Privat spiele ich gerne Fußball. Leider nicht so oft, da ich drei Schichten arbeiten muss. Früh-Spät-Nacht öfters auch mal am Wochenende.

F: Hat dich deine Neigung zum Fußball auch zum Wetten gebracht?

A: Prinzipiell ja, wir schauen ja Bundesliga und internationalen Fußball. Meine Familie und meine Kumpels wetten alle. Ebenso die meisten Kollegen.

F: Wo wettest du?

A: Früher bei …WIN und …pico. Jetzt mehr mit Bitcoin.

F: Warum der Wechsel? Wo sind die Vorteile von Bitcoin beim Wetten?

A: Die Quoten und die damit verbundenen Gewinne sind mit Bitcoin deutlich höher als bei …WIN und …pico. Wer heut noch so wettet, ist ein Idiot.
Außerdem kann ich auf Anfrage sogar auf Kreisligaspiele wetten. Da kenne ich mich besonders gut aus, weil ich ja die meisten Spieler persönlich ja kenne, oft

auch von den gegnerischen Mannschaften. Hier kann ich besonders gut einschätzen, wie stark eine Mannschaft ist, wenn mal der Stürmer verletzt oder der Torwart in Urlaub ist.

F: Was, bis runter zur Kreisliga? Wird in der Kreisliga viel gewettet?

A: Immer mehr. Durch die massiv hohen Quoten in den Bitcoin Systemen werden viele angelockt. Außerdem bessern einige Spieler dadurch ihr Gehalt ein wenig auf.

F: Was meinst Du damit? Wird das Bitcoin System auch von den Fußballspielern genutzt?

A: Ja, das ist wie in den großen Ligen auch, da schießt man schon mal aus drei Metern übers Tor.

F: Das sind harte Worte, die ich so nicht einfach glauben will. Das heißt selbst in den unteren Spielklassen wird gezockt und manipuliert?

A: Im Prinzip laufen schon viele normal ab. Aber in einigen Mannschaften haben junge Spieler oft keinen Bezug zum eigenen Verein. Die schauen nur auf die Kohle. Insbesondere Mannschaften mit hohem Jugo Anteil.

F: Was verstehst Du unter Jugo?

A: Die Jugos eben. Kroaten, Serben usw. die aus Ex-Jugoslawien. Die geben auch mal dem Schiri einen USB Stick mit Coins mit in die Umkleidekabine.

F: Gibt es auch Nachteile mit Bitcoins zu wetten?

A: Am Anfang war es schwierig, sich einzuarbeiten und das alles zu verstehen. Auch an Bitcoins ranzukommen, war früher nicht so leicht. Allerdings hab ich mir daraus einen Vorteil gemacht. Die anderen Kollegen sind meist zu faul oder kennen sich mit dem Computer nicht so gut aus. Dann trage ich deren Wetten im System ein und überweis auch deren Bitcoins bzw. tausche die Euros in Bitcoins um und umgekehrt. Dafür verlange ich eine kleine Provision, die aber gern bezahlt wird. Dadurch entfällt der schwierige Teil, und sie können sich auf die Quoten und die Gewinne konzentrieren.

F: Wo sind die wesentlichsten Unterschiede zwischen den klassischen Wettanbietern und Bitcoin Systemen?

A: Bei den klassischen Systemen werden bei der Wette feste Quoten vorgeschlagen. Man weiß also genau, wie viel man bekommt, wenn man richtig tippt. Das nennt man Buchmacherprinzip. Bei den Bitcoin Systemen handelt es sich meist um den Totalisator bzw. um das Totalisator Prinzip. Hier wird die Quote vor dem Spiel bekannt gegeben, nachdem alle Wetten eingegangen sind. Das war am Anfang für mich komisch, ich habe aber nie erlebt, dass der Totalisator schlechter war als der Buchmacher. Diese Bitcoin Systeme arbeiten vermutlich ohne nennenswerten Verwaltungs- und Personalaufwand. Außerdem sind diese meist offshore und müssen keine Steuern bezahlen. Daher kommen seit Jahren zuverlässig diese Megaquoten zu Stande.

F: Gibt es betrügerische Wettanbieter, die es nur auf Geld und Bitcoins abgesehen haben und dann abhauen?

A: Vermutlich gibt es das auch, ist mir aber nie begegnet. Ich arbeite schon seit drei Jahren mit demselben Anbieter ohne große Zwischenfälle. Wenn waren es meist Eingabefehler meinerseits, da muss man halt aufpassen.

F: Mustafa wie viel verdienst du?

A: ca. 2.450 Euro/ Monat netto je nach Schichteinsatz.

F: Danke für die Info, aber das wollte ich gar nicht wissen. Ich meinte, wie viel machst du im Monat mit deinen eben beschrieben Aktivitäten?

A: Ich mach zwischen 1.500 Euro und 5.000 Euro im Monat. Das hängt davon ab, ob noch Europameisterschaft, Weltmeisterschaft oder Championsleague stattfindet und wie gut ich selbst tippe.

F: Das heißt, dein Gewinn staffelt sich aus verschiedenen Bereichen?

A: Ja, zum einen wechsele ich Bitcoins, zum anderen übertrage ich die Wetten ins System. Das sind die 1.500 Euro, die durchschnittlich immer reinkommen. Richtig fett läuft es, wenn es uns gelingt, das ein oder andere Spiel in den unteren Klassen zu puschen und die Ergebnisse richtig „vorherzusagen".
Da kann es monatlich auch mal 5stellig werden. Außerdem habe ich ein glückliches Händchen bei der Bundesliga.

F: Warum arbeitest Du eigentlich noch in der Autofabrik? Du könntest doch von den Wetten gut leben, oder?

A: Auf jeden Fall, aber ich hab es gern sicher. Ich habe hier in Deutschland ein eigenes kleines Haus und eine vermietete Eigentumswohnung, die bald durch den Mieter bezahlt ist. Das kannst du alles nur mit offiziellem Geld bezahlen. Außerdem ist meine Familie durch die Arbeit hier sozialversichert. Außerdem ist ein großer Teil meiner Kunden aus meiner Montageschicht.
Mit der Wetttätigkeit habe ich mir in der Türkei eine kleine Ferienwohnung direkt am Meer gekauft. Die ich auch gerne vermiete, wenn ich nicht selbst dort Urlaub mache.
Außerdem lege ich jeden Monat ca. einen Bitcoin in eine Rentenversicherung für Bitcoins. Derzeit steigen diese gerade massiv!

F: Wie viel Zeit brauchst Du für deine Aktivitäten? Ist das sehr aufwändig?

A: Das ist das Schöne daran. Die Aktivitäten lassen sich in meinen persönlichen Alltag sehr gut einbauen. Ich habe ja die meisten Kunden bei der Arbeit, deswegen bleibe ich aber nicht länger in der Firma. Das meiste machen wir in den Pausen oder wenn mal das Montageband steht.

F: Ist das nicht ein wenig kritisch? Was passiert wenn dein Chef das merkt?

A: Mein Meister wettet auch regelmäßig in Bitcoins. Solange wir die Arbeit sorgfältig und in guter Qualität machen, ist alles OK. Seit fast alle in Bitcoins wetten, ist auch das Betriebsklima deutlich besser geworden. Die Mitarbeiter halten fester zusammen, und das wirkt sich auch auf die betrieblichen Abläufe aus.

F: Du redest hier sehr offen. Gibst du deine Nebeneinkünfte beim Finanzamt an?

A: Ich bin sowohl mit der deutschen Kultur vertraut, als auch mit der türkischen. Im Rahmen meiner Tätigkeit als Mitarbeiter in der Fabrik wird mir ziemlich präzise jeden Monat Steuer und Pflichtversicherung einbehalten. Ziemlich deutsch halt. In der anderen Tätigkeit kommen meine orientalischen Wurzeln raus. So halte ich es auch mit den Steuern. Steuern zahlen hat keinerlei Tradition in der Türkei. Ich habe zwar von Wirtschaft nicht viel Ahnung. Aber wenn jemand zu viel zahlen muss, dann lähmt dies die Aktivität. Derzeit wird der Fleißige bestraft. Daher halte ich unabhängig von den Wetten Bitcoin als tolles System, weil jeder die Chance hat, jetzt recht leicht ein Vermögen aufzubauen. Allerdings beobachte ich, dass die meisten Deutschen die Entwicklung verschlafen. Die kümmern sich gerade vermutlich um die ordentliche Steuererklärung.

F: Ich bin zwar selbst Deutscher, ich sehe das aber ähnlich. Die meisten sind, was ihre Rente angeht, mit einer Riesterrente und massivem Vertrauen in den Staat ausgestattet. Den Staat mag ich an dieser Stelle nicht beurteilen, aber Riester ist ganz sicher ein großer Unfug und das Ergebnis einer mafiaähnlichen Verbindung zwischen einer Strukturvertriebsfirma und der Politik. Aber lassen wir das und kommen zur nächsten Frage. Sicher ist der Leser daran interessiert, wo man weitere Informationen zu diesem Thema finden kann. Gibt es da Adressen an die man sich wenden kann?

A: Prinzipiell ist das www (world wide web) ziemlich voll mit Informationen zum Thema Bitcoin. Wie man aber einfach und schnell Geld damit machen, diese Infos findet man häufig in den channels, oder auch broadcasts. Den seriösesten und zuverlässigsten gebe ich dir hier. Du kannst den ja im Buch als QR Code o.ä. abdrucken. (siehe im Anhang unter bitmessage.org)

F: Danke, das werde ich tun. Hast Du eigentlich keine Angst, dass dein Geschäft darunter leidet, wenn das hier veröffentlicht wird?

A: Im Gegenteil, je mehr Leute bei den Wetten und anderen Spielen mitmachen, desto höher werden in der Regel die Quoten. Außerdem kann bei Wetten auf die unteren Klassen immer mal vorkommen, dass keine Quoten zustande kommen. Das ist nicht schlimm, dann sendet der Anbieter wieder die Bitcoins zurück oder legt sie nach Absprache in den Jackpot.
Außerdem beliefere ich auch mittlerweile Menschen mit Bitcoins, die selbst gar nicht wetten, sondern andere Dinge damit tun oder diese einfach nur „auf Lager" legen.

F: Kommen wir nun zur letzten Frage. Was glaubst Du, wann wird der Bitcoin eine Million Dollar wert sein?

A: Ich denke, Bitcoin sorgt für einen Ausgleich zu den konventionellen Geldsystemen. Hier wird Geld bei Bedarf beliebig gedruckt und milliardenfach ausgegeben. Von daher halte ich eine Gegenreaktion auf eine Million Dollar pro Bitcoin in den nächsten Jahren für realistisch. Bei dem heutigen Stand ist das ja nur das tausendfache.

A: Vielen Dank für das Gespräch und Gruß an die Frau.

Der Investmentbanker

Mike ist ein Investmentbanker. Diese Gruppe personifiziert den Kapitalismus wie keine zweite. Daher bin ich besonders interessiert, wie er die Lage zu Bitcoin beurteilt.

F: Mike wir kennen uns ja schon einige Jahre. Zumindest oberflächlich entsprichst du zu hundert Prozent dem Klischee. Immer top gestylt, teure Sportwagen, schöne Mädels und massiv Party.

A: Ist das so? Ok, kann ich verstehen. Du siehst mich immer alle paar Wochenenden, wenn ich in der Gegend bin. Da lass ich es dann schon mal krachen.

F: Besonders witzig finde ich die Geschichte als früh morgens ein Türsteher einer Szene Bar bei deinen aktuellen Schwiegereltern anrief und sagte, sie sollen dich abholen. Wie kam es dazu?

A: Nun, ich hatte sowohl mein Handy, als auch meinen Geldbeutel und alle Schlüssel verloren. Das einzige, an was ich mich noch erinnern konnte, war die Telefonnummer meiner Freundin, bzw. deren Eltern. Die wohnen in einem kleinen Dorf und haben nur vierstellige Nummern.

F: Haben sie dich dann abgeholt? Sind deine Sachen wieder aufgetaucht?

A: Meine Freundin hat mich abgeholt und meine Utensilien tauchten ein bis zwei Tage später wieder auf. Nur das Handy blieb weg. Aber was hat das alles mit dem Thema zu tun? Willst Du nicht zum Punkt kommen?

F: Nun, ich kann nicht nachvollziehen, wie jemand mit deinem Lebenslauf nachts in einer Bar zusammensackt. Du hast eine ordentliche Ausbildung bei der Sparkasse, danach ein Wirtschaftsstudium mit Auslandsaufenthalt in Honkong, Zürich, Luxemburg, New York. Du hast bei Großbanken in London, Frankfurt gearbeitet. Derzeit bist du in Düsseldorf?

A: Ja das ist richtig. Ich bin vor kurzem nach Düsseldorf gewechselt. Aber was gibt es da nicht nachzuvollziehen? Klar, wenn ich mal einen drauf mache, werde ich gleich gesehen, aber wenn ich arbeite, sieht das irgendwie niemand. Wir arbeiten regelmäßig von 08:30 Uhr in der Früh bis spät abends, wobei 22 Uhr keine Seltenheit ist. Danach geht es noch eine Stunde ins Fitnessstudio und noch auf einen Snack bei der afterwork party, so dass ich selten vor 24 Uhr zu Hause bin. Bei dringenden Kundenprojekten wird es auch mal 24 Uhr ohne Sport und Snack. Wenn Du das mal einige Monate durchgezogen hast, dann willst Du auch mal am Wochenende richtig Gas geben.

F: OK, da wird einiges klarer. Da will ich nicht mit dir tauschen. Kommen wir zum Thema. Wann hast du dich denn erstmalig mit Bitcoin beschäftigt?

A: Das war Mitte 2012 in einem Gespräch mit dir. Allerdings hat mich das nicht wirklich interessiert.

F: Wie sieht das heute (Ende 2013) aus? Spielen Bitcoins in deiner beruflichen Tätigkeit eine Rolle?

A: Nein, absolut nicht. Aus Sicht des professionellen Investments sind Bitcoins vollkommen bedeutungslos. Zum Vergleich eine Grobrechnung, grob deswegen, weil ich die Zahlen nicht recherchiert habe, sondern nur aus den Medien übernommen habe. Derzeit soll es so um die elf Millionen Bitcoins geben. Bei einem Kurs von 1.000 Euro pro Bitcoin sind das gerade mal 11 Milliarden Euro. Das ist volkswirtschaftlich gesehen nix. Das bewältigen kleinere Händlerteams bei uns in sehr kurzer Zeit.

F: Handelt ihr Aktien?

A: Nein, wir sind im Anleihengeschäft. Je nach Team platzieren und vermitteln wir große Industrieanleihen für Großkonzerne im Bereich emerging markets wie Osteuropa und Indien.

F: Dann hast du Bitcoins also eher privat gekauft?

A: Ja, ich hatte noch ein paar Euro auf dem Girokonto. Da kamen die Bitcoins gerade richtig. Mir ist es aus beruflichen Gründen nicht erlaubt, private Finanzgeschäfte zu betreiben, bzw. falls ich das doch tue, muss ich es der compliance unseres Unternehmens melden. Das ist die Abteilung die unter anderem auch sogenannte Insidergeschäfte überwacht.

F: Ist die compliance dann so etwas wie ein unternehmenseigener Geheimdienst? Werdet ihr generell überwacht?

A: Soweit würde ich nicht gehen, wobei es schon Gerüchte gibt, dass Kollegen auch privat gefilmt wurden und das Telefon abgehört wird. Auch sind wichtige Kollegen von heute auf morgen spurlos verschwunden und nie mehr aufgetaucht. Das organisieren aber eher beauftragte Fremdfirmen.

F: Wurden die umgebracht?

A: (Mike lacht) Nein, das weiß ich nicht. Ich denke eher, die haben ein Kuvert bekommen, mit der Aufforderung nie mehr das Büro zu betreten. Wenn du fünfhunderter Euroscheine eng bündelst, passt da schon ein kleines Vermögen rein.

F: Das würde aber ja bedeuten, ihr hättet schwarze Kassen. Oder wie wird das in der Buchhaltung verbucht?

A: Na ja, machen wir uns nichts vor. Jeder Konzern hat schwarze Kassen und jeder weiß das. Natürlich wird das niemals zu gegeben. Aber das ist Teil des Geschäfts. Wie willst Du sonst in diesen Ländern einen Fuß in die Tür bekommen. Die stehen auf Dollars und Euros, am besten in bar oder zwischenzeitlich vielleicht auch in Bitcoins. Aber das ist Sache der outdoor bzw. SWAT teams, da habe ich keine näheren glaubwürdigen Informationen.

F: Wie viel Bitcoins hast du dir denn gekauft?

A: Ich habe 200 Stück.

F: Zu welchem Preis hast du denn eingekauft?

A: Das weiß ich nicht, ich hatte wenig Zeit, mich um die Abwicklung zu kümmern, da hab ich einem Praktikanten 20.000 Euro gegeben, um Bitcoins zu kaufen. Ich habe gesagt, er soll sich noch zehn Bitcoins für sich als Honorar besorgen, das war im so im September 2013. Der Praktikant hat mir das ganze Zeugs auch auf einem kleinen Netbook installiert. Ich habe da wenig Ahnung von.

F: Dann hast du jetzt bald ein Plus von ca. 180.000 Euro in wenigen Monaten?

A: Wenn der Kurs so weiter steigt schon. Aber das ist mir egal. Ich mach mein Geld hauptsächlich als Banker. Dadurch, dass ich den ganzen Tag arbeite, brauche ich auch nicht viel. Klar, Miete, Auto und kleinere Annehmlichkeiten liegen vermutlich deutlich über dem Durchschnitt, aber es kommt ja auch ordentlich was rein. Außerdem bekomme ich alle 10 Jahre knapp eine halbe Million Euro von meinen Eltern. Diese sind äußerst erfolgreiche Unternehmer im Bereich Bauzulieferbetrieb. Wir haben viele Mietshäuser und Grundstücke in Deutschland, Frankreich und Spanien.

F: Was alle zehn Jahre so viel Geld?

A: Ja, das hat wohl Gründe im Bereich der Erbschaftsteuer. Genau kenne ich mich da aber nicht aus, ich konzentriere mich voll auf mein Investmentgeschäft.

F: Wie viel verdienst du denn als Investmentbanker?

A: Das wird dir wohl kein europäischer Banker erzählen. Prinzipiell gilt hier ein stilles aber auch vertragliches Abkommen, sich nicht über sein Gehalt zu äußern. Nur so viel, es handelt sich um einen sehr guten sechsstelligen Jahresbetrag, wobei zusätzlich noch hohe variable Vergütungen vereinbart sind.

F: Ich habe mal gehört, dass in eurer Branche viel Kokain konsumiert wird?

A: Ja es stimmt, dass viel gekokst wird, aber ob es in unsere Branche besonders viel ist, weiß ich nicht, dafür fehlen mir die Infos aus den anderen Branchen. Aber besonders heftig war es zu meiner Zeit in London. Da konntest du keine Minute ruhig pissen, weil in jeder Ecke sich irgendjemand was reingezogen hat.

F: Was machst du denn jetzt mit den Bitcoins, hast Du schon einen Plan?

A: Vermutlich werde ich die spenden.

F: Oh, darf ich dir meine Adresse geben? Ich habe noch Platz in meiner Wallet.

A: Ich dachte dabei eher an eine Organisation, mit der ich enger verbunden bin und die mir auch schon viele Wege eröffnet hat.

F: Das klingt aber schwer nach Sekte.

A: Naja, nenn es lieber anders. Ich bin während meiner Studienzeit in eine Bruderschaft eingetreten.

F: In welche und was macht ihr da? Hast du dich da bewerben müssen?

A: Da können wir gerne mal privat darüber sprechen, ich möchte nicht, dass dies im Rahmen des Buches veröffentlicht wird. Nur so viel, die Bruderschaft sucht sich geeignete Kandidaten aus und spricht diese an. Ich bin von zu Hause aus ja schon recht vermögend, aber Kontakte kannst du nur sehr schwer kaufen, daher ist so eine Einladung einer Bruderschaft sicherlich was Nützliches. Ohne diese Verbindung wäre ich beruflich nicht so erfolgreich. Jetzt unterstütze ich die Brüder, die sich noch im Studium befinden oder in Klausur sind.

F: Das bedeutet, alle hohen Banker sind in einer Verbindung?

A: Das kann ich nicht vollständig beantworten. Ich weiß aber, dass viele consultants auch aus anderen Bereichen in Bruderschaften sind. Frauen sind häufig in Hexenbünden vereint. Meistens hast du beim Eintritt in die Branche auch einen Mentor, der dich bereits während dem Studium auf das Kommende vorbereitet.

F: Uh, das habe ich zwar geahnt, aber noch nie so direkt von einem Insider gehört.

A: Was heißt hier Insider, ich verrate hier keine Geheimnisse, das ist weitgehend offen. Es wird nur nicht an die große Glocke gehängt.

F: Da wird sich diese Organisation aber über diese Spende freuen. Schade, dass ich da nix von hab. Was glaubst du, wann wird der Bitcoin eine Million Dollar wert sein?

A: Ich habe ja schon angedeutet, dass ich den Bitcoin aktuell für volkswirtschaftlich unbedeutend halte. Aber ich beobachte natürlich die Entwicklung und sehe auch die zunehmende Popularität durch die Medien. Gleichzeitig sehe ich aber Konzerne wie AMAZON, die ihre eigene Währung unters Volk bringen wollen. Dieser direkte Vergleich führt mich zu dem Denkansatz, dass SATOSHI niemals eine kleine Programmierergruppe sein kann. Die Währung Bitcoin hat es bereits in die Medien geschafft. Dass AMAZON eine eigene Währung hat, wissen viele Menschen noch gar nicht. SATOSHI/Bitcoin ist meiner Meinung nach das Werk einer großen Macht, die mit der Infrastruktur eines Großkonzerns das Ding durchzieht. Man beachte auch die Mining-Industrie, die vordergründig aus dem Nichts entsteht. Mit dieser professionellen Vorgehensweise und mit der Dynamik hat es keine 5 Jahre gedauert, um von 0 auf 1.000 zu kommen. Von 1.000 auf eine Million geht schneller. Etwa in 3 bis 4 Jahren. Also 2016 bis 2017, dann wird es von der Marktkapitalisierung auch volkswirtschaftlich interessant.

F: Ich halte noch mal fest. Bitcoin Kurs eine Million Dollar spätestens im Jahr 2017?

A: Das habe ich doch klar erklärt. Aber noch einmal zum klarmachen. Derzeit ist unser Kerngeschäft die Finanzierung der Großindustrie von Schwellenländern. Dabei sind Investoren bereit, Milliarden von Dollars bereitzustellen. Sobald ich Order von Oben bekomme, kann ich auch Anleihen platzieren, die auf Bitcoins laufen. Das ist für mich sogar noch viel leichter, weil ich dann weniger juristischen Kram beachten muss. Was dann passiert kann sich jeder ausmalen. Wir werden über die Anleihemärkte weltweit den Bitcoin in Höhen fliegen lassen, so dass jedem Privatanleger schwindelig wird. Die Leute, die jetzt Ihren Bitcoin bei etwa 1.100 Dollar verkauft haben, werden noch heulen.
Der Bitcoin hat nicht umsonst so viele Nachkommastellen.

F: Mike, vielen Dank für das Gespräch und deine Aussichten. Bitte halte mich und die Leser auf dem Laufenden. Gibt es eine Möglichkeit, dass du mich informierst, bevor ihr einsteigt? Natürlich gegen eine kleine private Kompensation in Bitcoins?

A: Halte einfach mal Kontakt. Vielleicht gibt es tatsächlich Möglichkeiten.

Der Freak

Pascal hat eine Bitcoin-Börse betrieben und ist dabei reich geworden.

F: Du gehörst zu den frühen Bitcoinern und hast schnell die Zeichen der Zeit erkannt.

A: Computer und Undergroundgeschichten waren schon immer meine Sache. Ich kannte Bitcoin schon, als er noch so gut wie gar nichts wert war.

F: Und was hast du damals mit dem Bitcoin gemacht?

A: Nichts. Man konnte damals nichts damit machen. Ich habe ein paar Coins gemined, als das noch mit normalen Rechnern möglich war. Heute braucht man dazu ja riesig teures Equipment.

F: Und diese Coins sind dann so stark im Wert gestiegen, dass du dadurch reich geworden bist?

A: Schön wär's. Ich hab meine Coins in Gras umgesetzt. Ist alles in Rauch aufgegangen.

F: War bestimmt eine klasse Zeit.

A: Für mich war es kostenloses Rauchen. Als dann die ersten Läden im Darknet aufmachten, bei denen man mit Bitcoins bezahlen konnte, ging es ja erst so richtig los.

F: Was ist das Darknet?

A: Das ist das Internet, was du nie bei google findest. Da gibts die ganzen tollen Sachen, die so böse sind, dass man sie verbieten muss.

F: Rauschgift.

A: Auch Rauschgift, ja. Aber hauptsächlich Kokain und Drogen. Und natürlich die üblen Pornos.

F: Damit hattest du zu tun?

A: Diese Kinderpornosache finde ich krank und daneben. Das Geld sollten die Typen besser für nen guten Psychiater ausgeben.
Mit Rauschgift hatte ich auch nie was zu tun. Pot und so ja, aber nix, was süchtig oder kaputt macht.

F: Wie warst du im Darknet eingebunden.

A: Ich hab dort eingekauft und auch Bekannten mal den einen oder anderen Tipp gegeben, wie man locker an Shit kommt. Der Vertriebsweg war auch für die Grower interessant. Also für die Leute, die Marihuana züchten. Denen habe ich gezeigt, wie sie ihr Zeug im Internet verkaufen können.

F: Daran hast du verdient.

A: Ich nehm doch kein Geld von Freunden. Money is a Stinkefish. Geld nehm ich nur von Leuten, die greedy und square sind. (greedy = gierig, square = bürgerlich, spießig).
Bitcoins sind nicht, wie immer erzählt wird, anonym. Bitcoins sind komplett öffentlich. Jeder, und das heißt nicht nur irgendein Spitzel- und Spannerclub wie NSA, GeStasiPo und BND, kann jede Bitcoin-Überweisung sehen und nachverfolgen.

F: Das ist die so genannte Blockchain.

A: Die Blockchain sind alle Kontoauszüge von allen Bitcoin-Nutzern aller Zeiten und der ganzen Welt.
Das ist für jemanden, der Gras verkauft, ungünstig.

F: Damit wir das nachvollziehen können, erkläre doch bitte, wie der Drogenhandel im Internet funktioniert.

A: Das ist ganz einfach. Es gibt ein offenes Internet. Das ist das clear net. Da sind die Webseiten drin, die auch meine Oma kennt: Google, Paypal, Amazon, ebay und so.

Dann gibt es das hidden net. Das verborgene Internet. Um da reinzukommen, musst du eine spezielle Software haben. Im Grunde ist das nichts als ein Browser, der nicht zensiert.

F: Du sagst, die normalen Internetbrowser betreiben Zensur?

A: Ja klar. Die filtern alle möglichen Seiten raus. Eine Zeitlang konntest du wikileaks nur über das hidden net erreichen. Viele andere politisch unbequemen Inhalte kannst du auch nicht aufrufen.

Überhaupt wird viel zensiert. Nicht nur in China, auch in Deutschland. Das fängt schon damit an, dass google dir die Seiten, die du nicht sehen sollst, gar nicht anzeigt.

Bis vor kurzem war das Tor-Netzwerk noch einigermaßen sicher. Das haben sich aber mittlerweile die Geheimdienste unter den Nagel gerissen.

Es gibt im hidden net aber auch noch das dark net. Das sind Webseiten, die du nur findest, wenn du sie kennst oder eingeladen wirst, sie zu besuchen. Dazu musst du besonders vertrauenswürdig sein.

Ich habe damals hauptsächlich in den Shops im Tornetzwerk eingekauft.

Da konntest du bestellen wie bei amazon und hast dann dein Gras per Post zugeschickt bekommen. Also natürlich nicht bei amazon. Die machen so was nicht.

F: Wie lange ist das her?

A: Schon ein paar Monate. Jetzt kannst du das vergessen. Ist viel zu gefährlich. Früher gab es da richtig professionell betriebene Webshops, in denen du alles kaufen konntest.

Heute läuft alles nur noch über Bitmessage und chans (siehe Erläuterungen im Anhang).

Bezahlt wurde mit Bitcoins, genau wie heute auch noch. Als der Bitcoin dann auch außerhalb der Szene bekannt wurde, hatten die Verkäufer ein Problem.

Wenn sie die Coins verkaufen wollten, konnte man sehen, dass sie aus illegalen Deals stammten.

F: Aber das lässt sich doch nicht ändern. Jede Transaktion ist doch auf ewig und unlöschbar in der Blockchain gespeichert.

A: Richtig. Und deshalb braucht man jemanden, der nicht Geldwäsche betreibt, sondern die Bitcoins säubert.

F: Und das hast du gemacht.

A: So ging das Geldverdienen bei mir los. Ich habe einen Mixing und Tumbling-Service betrieben.

F: Was muss man sich darunter vorstellen? Wie geht das?

A: Im Prinzip ist es einfach. Aber in der Praxis braucht man schon ein paar Kenntnisse. Die habe ich mir aber schnell angeeignet. Nach zwei Wochen war meine Geldwäscherei fertig.
Die Webseite sah zwar aus wie von einem Vierjährigen programmiert, aber das hat meinem Erfolg nicht geschadet.

F: Was hast du da gemacht?

A: Ich habe mir von vielen Leuten Bitcoins schicken lassen. Die habe ich auf ein Sammelkonto überwiesen und dann wieder an die ursprünglichen Besitzer zurückgeschickt. Ein paar Prozent habe ich als Bearbeitungsgebühr behalten.

F: So einfach?

A: Ich habe schon sorgfältiger gemixt, die Beträge zerhackt, unterschiedliche Zeitstempel erzeugt und so. Aber im wesentlichen war es so einfach.
Mit der Zeit habe ich noch ein paar andere Dienste dazugenommen. Zuerst eine Möglichkeit, seine Coins bei mir zwischenzulagern. Dann habe ich einen Überweisungsdienst eingerichtet.
Das war sehr praktisch für Leute, die auf ihren Computern keine eigene Wallet laufen lassen wollten. Wenn nämlich die Bullen eine Hausdurchsuchung machen, kassieren sie als erstes deinen PC ein. Und wenn darauf verschlüsselte Dateien sind, nehmen sie dich so lange in die Mangel, bis du mehr Passwörter verrätst, als du kennst.
Aber wenn nichts auf deinem Computer drauf ist, bist du sauber und wenn man auch sonst nichts bei dir findet, lassen sie dich wieder laufen.

F: Das Geschäft hat so viel abgeworfen?

A: Wo denkst du hin? Das hat für Strom und Server und ein Einfamilienhaus gereicht. Erst als dann die Sachen mit Freedomhosting und Silk Road passiert sind, kam mir die Idee.

F: Freedomhosting war ein Netzwerk, das viel Kinderpornographie verbreitet hat. Und Silk Road war ein Handelsplatz für illegale Waren.

A: Ja, beide sind aufgeflogen. Um Freedomhosting ist es nur schade, weil ein paar gute Dinge dabei waren. Wegen der Kinderficker hab ich kein Mitleid.
Silk Road war ein Verlust. Ich habe es auch an den Umsätzen gemerkt. Die sind für fast zwei Wochen voll in den Keller gegangen. Aber dann ging es wieder bergauf. Dann kamen nämlich die Gierigen ins Geschäft, die null Ahnung vom Untergrund haben.
Denen ist der Bitcoin und die damit verbundene Freiheit sowas von egal. Die hocken den halben Tag vorm Bildschirm und glotzen auf die Kurse. Denen ist es egal, ob da Bitcoin steht oder Kernkraftwerks-Aktien oder Napalm-Fabrik. Hauptsache, die Rendite stimmt.
Und weil die so irre gierig sind, machen sie sich nicht die kleine Mühe, mal selbst zu lernen, wie der Bitcoin funktioniert. Und Steuern auf ihre gewaltigen Gewinne wollen sie auch nicht zahlen.
Da ist meine mittlerweile sehr stylische Webseite genau das Richtige. Alles bequem und anomyn.

F: Du magst diese Art Leute nicht.

A: Sie schmarotzen am Bitcoin und schaden der Freiheitsbewegung, indem sie alles so weit aufblasen, dass die Regierung kommt und selbst den Bitcoin und das Tornetzwerk und demnächst auch andere Teile des hidden und des dark nets kontrollieren wollen.
Es wird immer schwieriger, sich noch frei zu bewegen. Aber das kümmert diese Typen nicht. Das sind nicht mehr diejenigen, die die Bewegung mal in Gang gesetzt haben.

F: Aber du hast sie mit deinen Diensten unterstützt.

A: Anfangs ja. Bis ich gemerkt habe, wie die ticken. Da hab ich einfach auf meine Webseite draufgeschrieben, dass ich gehackt worden bin. Hab mich tausendmal entschuldigt und gesagt, dass ich jetzt noch besser aufpasse und wenn ich wieder Geld verdiene, wenigstens einen Teil des Schadens zurückzahlen werde.

F: Wirst du?

A: Ich bin doch nicht doof. Ich hab ne Stange Coins eingesackt. Die findet nie wieder jemand. Ich verschleiere die richtig professionell. Das ist mein Beruf.

F: Wieviel hast du damit verdient?

A: Viel mehr als mit dem Onlinedienst. Es ist eine hohe fünfstellige Bitcoin-Anzahl.

F: Also einige zig Millionen Dollar.

A: Ja. Und die hundert Millionen Dollar mache ich in ein paar Wochen voll.

F: Wie das?

A: Das glaubst du nicht. Normal hätte ich gedacht, dass der Laden ein für alle mal tot ist, nachdem alle Guthaben auf null gestellt worden sind.
Aber die selben Leute, die ich abgezogen habe, schicken mir immer noch Coins. Entweder haben die nicht kapiert, dass die Seite nie und nimmer gehackt worden ist. Oder es ist denen egal, weil sie sowieso nur auf Gier gepolt sind. Kann auch sein, dass sie den Verlust ausbuchen und immer noch mehr für sie übrig bleibt, als wenn sie ordentlich Steuern zahlen.
Möglicherweise machen die so krumme Geschäfte, dass sie gar keine andere Wahl haben, als ihre Coins auf mich auszulagern.
Mich kümmert das nicht. Bevor dein Buch erscheint, wird meine Seite noch mal gehackt. Und zwar von mir. Ich räume alle Konten leer, und vielleicht klappt es sogar noch ein drittes Mal.

F: Danke für deine Offenheit. Ich kommentiere das nicht. Meine Abschlussfrage: Wann, denkst du, wird ein Bitcoin eine Million Dollar wert sein?

A: In drei bis zehn Jahren. Kommt drauf an, wann die anfangen, sich gegenseitig die Köpfe in ihrer Maßlosigkeit einzuschlagen. Es wird wohl etwas in der Mitte sein, so sechs oder sieben Jahre. Viel länger, schätze ich, wird es nicht dauern.

Der Buchhalter

Eine völlig unspektakuläre Möglichkeit mit Bitcoin zum Millionär zu werden, habe ich bei Jonas erfahren. Jonas ist Buchhalter und ein eher stiller Typ.

F: Jonas wie ist deine genaue Berufsbezeichnung?

A: Die lautet Fachangestellter in Steuer- und Wirtschaftsberatenden Berufen.

F: Dann bist Du also Steuerberater?

A: Nein, mein Chef ist Steuerberater. Ich selbst bin noch Angestellter. Wobei ich in 18 Monaten aussteige. Das soll mein Chef aber nach heutigem Stand noch nicht wissen.

F: Das ist kein Problem, für solche Fälle habe ich die Namen der Personen ja geändert. Es sind ja die Strategien und nicht die Namen im Vordergrund. Du hast mir am Telefon was von einem längeren Urlaub erzählt.

A: Ja, ich werde Mitte 2015 für längere Zeit auf die Philippinen auswandern. Dort hat ein Freund eine gut besuchte Tauchschule.

F: Hast Du entsprechende finanzielle Mittel?

A: Wenn alles klappt, habe ich bis dahin 1,2 Millionen Euro.

F: Verdient man im Steuerbüro so gut?

A: Nein, da verdient in der Regel nur der Chef gut. Aber außerhalb des Büros habe ich bis Ende 2012 noch für ein paar Familienmitglieder und Freunde die Steuererklärungen gemacht. Außerdem haben die Freunde auch wieder Freunde, die Steuererklärungen machen müssen, aber prinzipiell keine Ahnung haben.

F: Ich bin zwar kein Experte in steuerlichen Angelegenheiten, aber auf 1,2 Millionen Euro kommst Du da nicht.

A: Das ist richtig. Aber ich habe verhältnismäßig schnell das Potential des Bitcoin Systems erkannt und umgesetzt. Gerne gebe ich das weiter, weil es meinem Geschäftsmodell auf keinen Fall schadet. Jeder kann das sofort umsetzen, ohne besonders intelligent zu sein oder studiert zu haben. Im Gegenteil, ich habe nach und nach einige Partner aufgebaut und bin bei Gesprächen immer mal wieder auf BWL Studenten gestoßen. Vermutlich tue ich jetzt einigen Unrecht, aber diejenigen, die mir begegnet sind, waren die dümmsten Idioten und haben vom Geldmachen aber nicht die geringste Ahnung. Die erzählen den Quatsch, was sie im Studium hören ohne darüber nachzudenken. Oder im Studium wurde was Vernünftiges/Richtiges erklärt, die haben es aber nicht geschnallt und erzählen jetzt Blödsinn weiter.

F: Das trifft mich jetzt besonders hart. Ich habe BWL studiert.

A: Sorry, ich erzähl nur, was passiert ist. Tatsache ist, Geldmachen in seiner einfachsten Form lautet E größer A. Also die Einnahmen müssen größer sein als die Ausgaben. Das gilt geschäftlich und privat. Dafür braucht ein normaler Mensch keine acht Semester zu studieren.

F: In der Deutlichkeit hat mir das noch niemand gesagt. Erzähl weiter.

A: Nun ich bin also bei einer Internetrecherche auf Bitcoin gestoßen, habe mich mit dem System beschäftigt, habe es verstanden und losgelegt.

F: Du hast es so schnell verstanden?

A: Na ja, wirtschaftlich, nicht technisch. Aber ich habe es mit kleinen Einheiten getestet und dann richtig losgelegt. Ich muss auch nicht wissen, wie mein Auto funktioniert. Vielleicht ist es weise, die grundlegenden Eigenschaften zu kennen. Fahren, tanken, Öl, Wasser, Reifendruck, Wischwaschanlage. Dann ist es gut, einige Profis an der Hand zu haben. Werkstatt für Inspektion und Reparaturen und irgendwann ist es auch sicherlich sinnvoll, sich von dem Fahrzeug zu trennen.

F: Langsam verstehe ich, wie du tickst. Du bist sehr pragmatisch. Erzähle von deiner Strategie.

A: Nun, ich habe geschaut wo ich Bitcoins schnell und unkompliziert bekomme. Gleichzeitig habe ich geschaut, wer welche will. Ich habe natürlich den Markt beobachtet und habe auch einige Händler von localBitcoins.com kontaktiert. Was da abging war der Horror. Trotz positiver Bewertungen hatten die meisten Konditionen unter aller Sau. Gesamtfazit: Extrem unseriöse Geschäftspraktiken wie Unpünktlichkeit, gar nicht zum Treffpunkt kommen, asoziales Auftreten, Preiszusagen werden nicht eingehalten usw. Dabei lege ich die Messlatte nicht auf die Höhe des Steuerbüros. Ich habe mich also entschlossen, dauerhaft bei Bitcoin.de zu kaufen. Das entspricht nicht der Bitcoin Philosophie, weil man sich da zwischenzeitlich identifizieren muss, aber im Vergleich zu den Straßenhändlern mit den teils willkürlichen und absurden Preisvorstellungen ist Bitcoin.de das kleinere Übel. Also kaufe ich online die Bitcoins und verkaufe diese wieder für einen kleinen Aufschlag in meinem Bekanntenkreis. Dabei kommt mir die Tatsache zu Gute, dass ich aufgrund meiner Tätigkeit im Steuerbüro als grundsätzlich zuverlässig und korrekt gelte.

F: Wie viel Aufschlag verlangst Du?

A: Prinzipiell mache ich beim Verkaufen nur Geschäfte ab 10 Bitcoins. Leute, die wegen weniger kommen, schicke ich zu den Straßenhändlern. Von meinen Kunden verlange ich den Preis, den ich selbst online bezahle. Allerdings behalte ich dann zehn Prozent der Bitcoins für mich ein. Meinen Lebensunterhalt, den ich in Euro bezahle, bestreite ich ja aus meiner Arbeitnehmertätigkeit.

F: Also beim Verkauf von zehn Bitcoins behältst du einen für dich, und neun gibst du deinem Kunden?

A: Du bist schnell im Rechnen. Bist du wirklich BWLer?

F: OK. Punkt für dich. Wie viel Bitcoins machst denn so?

A: Das ist jetzt für die meisten ziemlich unsexy, aber ich gehe morgens um 7 Uhr zur Arbeit, treffe mich in der Regel in der Mittagspause mit einem Kunden beim Essen. Nach dem Geschäft gehe ich dann gegen 16 Uhr mit einem weiteren Kunden noch einen Kaffee trinken. Samstags schaffe ich dann drei bis vier Kunden. Am Sonntag akzeptiere ich nur Deals ab 20 Bitcoins.

F: Das ist also richtig Arbeit?

A: Die Tätigkeit im Steuerbüro empfinde ich als Arbeit. Die Treffen mit meinen Kunden haben ja einen fast persönlichen, freundschaftlichen Charakter, was mir dann eben nicht so wie Arbeit vorkommt. Wichtig ist, gut organisiert zu sein und die Schlawacken rechtzeitig auszusortieren. Ich meine die Schlawacken in der beleidigten Bezeichnung.

F: Ich glaube dieses Wort gibt es im Duden nicht. Was bedeutet das?

A: Das brauche ich nicht zu erklären, wenn du einen vor dir hast, weißt du was ich meine.

F: Wie viel Bitcoins bekommst du also etwa im Monat?

A: Das macht mittlerweile auch dank der starken Medienpräsenz der letzten Wochen schon so zwischen 30 und 50 Bitcoins pro Monat. Wie schon am Telefon gesagt, ich gehöre auch zu denen, die den Trend spät erkannt haben. Natürlich ist es toll, wie der Skandinavier vor vier Jahren für ganz wenig Geld Bitcoins erworben hat und jetzt eine Wohnung gekauft hat. Die meisten Menschen haben diesen Trend verpasst. Aber trotzdem ist die Branche jung und jeder, der jetzt einsteigt und eine gute Strategie verfolgt, wird zwangsläufig Millionär.

F: Danke Jonas, gerne möchte ich deine Strategie nochmals zusammenfassen. E größer A, kein Geschwätz, Disziplin, straffe Organisation, ein positives Erscheinungsbild und keine Geschäfte mit Schlawacken.

A: Dem kann ich so zustimmen. Ich mache keine aktive Werbung mehr. Klar, am Anfang habe ich alle in meinem Bekanntenkreis angesprochen. Aber jetzt läuft es nur über Mund zu Mund Propaganda. Allerdings hast du bei der Aufzählung das wichtigste Vergessen. ZIELE. Ohne jetzt wie die esoterischen Lebensratgeber zu klingen, aber es ist sinnvoll, sich (Etappen)Ziele zu setzen und zu erreichen. Dann fällt auch die Disziplin wesentlich leichter. Bei Zielerreichung kann man ja auch mal ausgelassen feiern.

F: Das war ein tolles Gesprächsfazit. Hier noch meine abschließende Frage, die ich allen Interviewpartnern stelle. Was glaubst Du, wann wird der Bitcoin eine Million Dollar wert sein?

A: Persönlich wollte ich bei 2.000 Euro pro Bitcoin diese verkaufen. Zwischenzeitlich konnte ich folgende wichtige Information gewinnen, die mein ursprüngliches Ziel ein wenig beeinflusst. Ich habe auf einem Weiterbildungsseminar bei der Industrie- und Handelskammer (IHK) zum Thema internationale Rechnungslegung einen Controller und einen Leiter Rechnungswesen kennengelernt. Beide stammen aus einem deutschen DAX

Konzern aus dem Elektronikbereich (u.a.) Diese hatten mir von internen Plänen erzählt, gegebenenfalls in Milliardenhöhe in alternative elektronische Währungen einzusteigen. Grund sei das fehlende Vertrauen in die nationalen Währungen, die geplanten Maßnahmen der neuen (alten) großen Koalition, Steuerschlupflöcher abzubauen und die Unternehmen zur Kasse zu bitten. Der testweise Einstieg soll noch im ersten Quartal 2014 erfolgen. Die Absprache/Genehmigung mit der Treasury Abteilung bzw. mit dem Finanzvorstand liegen bereits vor.

F: Was heißt das jetzt für das Kursziel?

A: Da wird ja jetzt nicht nur ein Konzern einsteigen, sondern die weltweite Problematik mit Staatsverschuldung, Währungsrisiken, Zinsrisiken, Überwachungsproblematiken betrifft ja alle Konzerne weltweit. Da reicht eine Million Dollar pro Bitcoin als Kurs nicht aus. Jetzt gilt es nur noch, so viele Bitcoins reinzubekommen, wie es nur irgendwie geht. Ganz pragmatisch. Den genauen Zeitpunkt vermag ich nicht vorherzusagen. Bei der Dynamik dauert das aber keine 5 Jahre mehr.

F: Jonas, vielen Dank für Deine Einschätzung, wir bleiben in Kontakt.

Die Prostituierte

Dora ist eine junge, attraktive Frau, die über das ganze Gesicht strahlt. Ihre Geschichte ist kaum zu glauben: Vor einigen Jahren bot ihr ein Freier, der pleite war, Bitcoins als Bezahlung an. Dora sagte ja.

F: Du strahlst über das ganze Gesicht.

A: Kein Wunder.

F: Wieso?

A: Seit kurzem muss ich mir über meine Zukunft keine Sorgen mehr machen. Ganz in Gegenteil.

F: Wie kam es dazu?

A: Wie sich jetzt herausgestellt hat, bin ich vor einigen Jahren auf ein sehr gutes Angebot eingegangen.

F: Erzähle uns deine Geschichte.

A: Ich wollte damals studieren. Meine Eltern konnten mich finanziell jedoch nicht unterstützen. Da dachte ich: An Sex habe ich eh Spaß, also verdiene ich mir doch damit meinen Unterhalt. So hat alles angefangen.

F: Haben deine Eltern das mitbekommen?

A: Ich habe es ihnen nicht erzählt. Meine Eltern sind gläubige Menschen und hatten mit den Dingen, die mir Spaß machten, schon immer Schwierigkeiten. Sich sexy anziehen, schminken, auf Partys gehen und feiern ... Ich habe die Enge zuhause kaum ausgehalten und wir hatten oft Streit, obwohl ich sehr gut in der Schule war.

F: Man hat fast den Eindruck, mit Sex Geld zu verdienen ist eine Art Trotzreaktion.

A: Kann sein. Aber mir macht Sex Spaß. Und so unschuldig können meine Eltern ja nicht sein, sonst gäbe es mich ja nicht.

F: Konntest Du Dein Studium so finanzieren?

A: Nach anfänglichen Schwierigkeiten sehr gut. Mir macht vieles Spaß und ich bin auch nicht in Moralitäten gefangen. Mein Kunde soll zu höchster Lust kommen. Das ist das wichtigste. Die Wünsche, die ich erfülle, sind ganz unterschiedlich: Der eine möchte normalen, schnellen Sex. Ein anderer möchte erniedrigt werden und gehorchen müssen. Der nächste möchte, dass ich ihn als schwedische Krankenschwester behandele oder mir nackt beim Putzen zusehen. Ich bediene ihre Fantasien. Und wenn ein Kunde den Wunsch hat, mir mit einer anderen Frau zuzuschauen - warum nicht? Das ist alles menschlich. Hauptsache, alle haben Spaß. Das Geschäft lief nach einer Weile sehr gut.

F: Du hast also mit der Zeit gut verdient. Aber das ist wahrscheinlich nicht der Grund, warum Du Dir heute finanziell keine Sorgen mehr machen musst?

A: Jein. Ich denke, das hat damit zu tun, dass ich für die Vorschläge meiner Kunden offen war. So hatte ich damals einen Kunden, der auch junger Student war. Ein typischer Computerfreak. Der saß die ganze Zeit vor dem PC, war knapp bei Kasse und hatte kaum soziale Kontakte, weil er sehr schüchtern war.

F: Das klingt nicht nach Reichtum.

A: Stimmt. So kann man sich täuschen - wie ich heute weiß. Auf jeden Fall kam er immer öfter vorbei, als er merkte, dass ich für alles mögliche offen bin. Eines abends war er mein letzter Kunde. Die Zeit war schon um und er hatte alles Geld bereits ausgegeben. Aber er wollte es unbedingt auch noch einmal ohne Gummi machen.

F: Kein Geld, kein Sex, oder?

A: Ja. Aber ich muss zugeben, dass ich ihn echt süß fand, sonst hätte ich mich auf seinen Vorschlag gar nicht eingelassen. Außerdem war er ja mittlerweile auch Stammkunde und es lief gut zwischen uns.

F: Welchen Vorschlag hat er dir gemacht?

A: Na ja. Er erzählte mir, dass er zwar kein Geld habe, aber etwas, was sich Bitcoin nennt, so eine Art elektronische Währung. Die würde er mir anstelle von echtem Geld geben. Er meinte, sie seien zwar jetzt nicht viel wert, aber er sei sich sicher, dass sich das einmal ändern würde.

F: Bist du auf sein Angebot eingegangen?

A: Ja, nach einigem Zögern bin ich das. Das lag aber mehr daran, dass ich ihn echt süß fand. Der Sex war klasse mit ihm.

F: Er hat dir also Bitcoins gegeben. Wie muss man sich das vorstellen?

A: Ich hatte einen PC, auf den er mir so eine Software gespielt hat.
Dann hat er mir die Bitcoins überwiesen. Ich fand das ziemlich abgedreht und dachte auch nicht, dass sie einmal tatsächlich etwas wert würden.
Ich habe später auch nicht mehr daran gedacht.

F: Wann fiel dir wieder ein, dass du Bitcoins hast?

A: Als in den Medien darüber berichtet wurde.

F: Wo stand der Kurs?

A: Bei mehreren hundert Dollar. Ich war wirklich froh, dass ich den Computer noch hatte!

F: In der Zwischenzeit ist viel passiert. Der Bitcoin gewinnt immer mehr an Wert.

A: Ja, und ich werde immer reicher. Ich bin wirklich froh, dass ich damals nicht abgelehnt habe. Es klingt vielleicht komisch, aber ich bin froh, dass mein Leben bisher doch eher unkonventionell war. So hat sich mir diese Chance aufgetan.

F: Was machst du mit den Bitcoins?

A: Ich habe ein paar verkauft, um mir jetzt einige Dinge leisten zu können. Aber den Großteil behalte ich. Ich glaube, wir sind erst am Anfang der Ralley. So wie sich mir der Bitcoin heute darstellt, ist das ein absolut geniales System.

F: Wenn Du das so siehst, werde ich Dir noch eine Frage stellen:
Wann wird der Bitcoin 1 Million Dollar wert sein?

A: Ich habe den Eindruck, dass das in den nächsten 10 Jahren passieren wird.

F: Vielen Dank für das Interview.

Die Wettmafia

Das nächste Interview war eines der schwierigsten. Schwierig deswegen, weil Pjotr nicht leicht zu erreichen war. Aus diesem Grund freut es mich besonders, dass es diese Information noch rechtzeitig vor Redaktionsschluss geschafft hat. Vom Prinzip her ist es keine typische Bitcoinstory, weil aber das Verfahren in Bitcoins abgewickelt wird, habe ich es in diese Reihe aufgenommen, schließlich geht es ums Geldmachen.

F: Hallo Pjotr, schön dass dieses Gespräch doch noch stattfindet. Als ich bei meinen Recherchen von deiner Geschichte erfahren habe, war mir sofort klar, dass wir uns treffen müssen. Du bist übrigens der einzige, der Geld für dieses Interview verlangt hat.

A: Ich bin ja auch über 600 Kilometer entgegen gekommen. Außerdem verdiene ich in der Zeit nichts.

F: Dafür habe ich volles Verständnis, aber deine Geschichte ist mir das auf jeden Fall wert. Was machst du beruflich?

A: Ich bin mit zwei Muttersprachen aufgewachsen. Deutsch und Russisch. Ich habe dann gleich nach dem Abitur angefangen, Güter, die in Russland gebraucht werden dorthin zu exportieren und Güter, die in Deutschland benötigt werden, aus Russland zu importieren.

F: Das klingt nach einem einfachen und klaren Geschäftsmodell. Was hast Du gerade mitgebracht?

A: Zunächst, ja, es ist einfach und klar. Aber man muss viel Papierkram erledigen, Genehmigungen beantragen, das ist ganz schön lästig. In Russland ist das auch nicht ganz ohne, man glaubt es kaum, aber auch dort existiert ein ziemlicher Verwaltungsapparat. Zusätzlich musst du noch den einen oder anderen Dollar als „Schutzgeld" oder „Durchfahrtsgenehmigung" aufbringen. Gerade habe ich eine Ladung Weihnachtsbäume abladen lassen. Doch das war das letzte Mal.

F: Warum, lohnt sich das nicht mehr?

A: Nicht mehr so wie vor zehn Jahren. Mittlerweile macht das jeder Depp. Die Preise sind ganz schön runter gegangen. Außerdem gibt es jetzt auch immer mehr deutsche Gärtner bzw. Baumschulen, die entsprechende Bäume anpflanzen und dann hier verkaufen. Aber das macht nichts, das ist nur eins von vielen. Geschäfte kommen und gehen.

F: Das ist mein Stichwort, weswegen du hier bist. Bitcoin.

A: Ja, dabei geht es auch um Bitcoin, wobei das nur das Zahlungsmedium ist. Tatsächlich handelt es sich um eine großangelegte Wettmanipulation v. a. bei Pferderennen und Fußballspielen.

F: Erzähle mehr. Wie bist du an die Adressen gekommen und wie läuft das ab?

A: Ich war im Frühjahr mit meinem LKW Fahrer auf einem Parkplatz nahe der deutsch-polnischen Grenze. Da hat uns so ein Typ auf einen Kaffee eingeladen. Der machte auf mich einen sehr nervösen und zappeligen Eindruck. Er sprach sehr schlecht Deutsch, kein Russisch und kein Englisch. Da war die Kommunikation stark eingeschränkt. Da ich parallel ziemlich lang mit einem Kunden telefonierte, habe ich das Gespräch, welches zwischen meinem Fahrer und dem Fremden stattfand, gar nicht so mitbekommen. Ich kann mich nur noch an ein bedrucktes weißes Blatt und den schrecklichen Instantkaffee erinnern. Mein Fahrer hatte es von dem Typ bekommen mit ein paar Floskeln zu Fußball und Wetten usw.

F: Was ist dann passiert?

A: Wie gesagt, das ganze Gespräch ging ziemlich an mir vorbei. Wir haben uns dann frisch gemacht und sind weitergefahren. Ich habe noch bemerkt, wie mein Fahrer das Blatt noch im LKW angeschaut hat, dann aber mit einem leisen Hä auf die Dokumentenablage legte.

F: Dein Fahrer konnte also nichts damit anfangen?

A: Nein, vermutlich nicht. Wir hatten ja auch zeitlich etwas Druck und ich zahle ihn nicht für das Lesen von komischen Blättern.

F: Das hätte er aber tun sollen, oder?

A: Als ich dann ca. eine Woche später zu Hause in meinem kleinen Büro die Buchhaltungsarbeiten zu dem Geschäft erledigte, tauchte dieses Blatt wieder auf. Nun hatte ich die Ruhe und auch die Kraft, das mal ordentlich durchzulesen. Das war etwa so schlecht geschrieben wie der Typ gesprochen hat. Furchtbar, kaum leserlich, das hat mich zuerst an die schlechten Spam Emails erinnert, die von Zeit zu Zeit in meinem Email Account landen. Dann habe ich aber erkannt, dass da eine konkrete Anleitung vorlag, wie man Fußballergebnisse bereits vor dem Spiel bekommt. Ich hatte dann sofort einen Trick gedacht, aber das war es nicht. Es war auch nicht reißerisch verpackt, wie das sonst üblich wäre.

F: Hast Du die Anleitung mal ausprobiert?

A: Ja, ich war dann schon ein wenig neugierig. Mit ein wenig Geduld ist es auch gelungen, den Text zu lesen und zu verstehen. Ich habe mir dann Bitcoins besorgt und die weiteren Anweisungen befolgt.

F: Hast Du Geld bezahlt?

A: Ja, ich habe umgerechnet ein paar hundert Euro in Bitcoins überwiesen. Aber ich hatte in diesem Monat gute Geschäfte gemacht, da war mir das Geld egal. Ich wollte das einfach mal testen.

F: Hat es zuverlässig funktioniert?

A: Ja, ich habe mir zwischenzeitlich einen Porsche gekauft. Ich war erfolgreich vor allem bei italienischen Spielen. Da wurden nicht nur die Sieger richtig vorhergesagt, sondern auch noch das exakte Ergebnis.

F: Hast Du mal überlegt, warum der Typ, von dem du die Anleitung hast, es nötig hat diese Insider Tipps zu verkaufen, der müsste doch steinreich sein?

A: Klar habe ich mir diese Frage auch gestellt. Falls dem sein Chef wirklich von der Wettmafia ist, hat er nichts zu lachen. Alleine um seine Nase wieder richten zu lassen, braucht er ein kleines Vermögen. Der sah wirklich ziemlich fertig aus. Stell dir vor, du hättest die Börsenkurse vom Jahresende aber kein Geld, um ein Konto zu kapitalisieren. Was würdest du tun?

F: Eigentlich stelle ich ja die Fragen hier. Aber klar ich würde schauen, dass ich so viel Geld wie möglich bekomme, damit ich selbst investieren kann.

A: Genau diesen Eindruck hatte ich von dem Typ.

F: Hast Du die Anleitung für mich dabei?

A: Gerne, ich habe eine Kopie für dich. Aber wie gesagt, das ist nicht einfach. Da wirst du schon eine Weile dransitzen, bis du das gecheckt hast.

F: Oh ja, das sieht ziemlich wild aus. Was glaubst Du, wie lange läuft das noch so weiter?

A: Prinzipiell glaube ich, dass das alles noch recht lang läuft, weil solange es Fußball gibt, wird es auch Wettbetrug geben. Vielleicht ändern sich mal die Adressen. Ob der Typ, der diese codierten Botschaften mit den richtigen Ergebnissen versendet, noch lange lebt, weiß ich nicht. Besser, du beeilst dich, wenn du Geld machen willst.

F: Was glaubst Du, wann wird der Bitcoin eine Million Dollar wert sein?

A: Das ist wirklich sehr schwer zu sagen, derzeit schwankt er um die tausend. In Deutschland und in Amerika, außerhalb der großen Cities ist der Bitcoin noch recht unbekannt. Da haben die Leute noch Vertrauen in Geld. Das sieht bei den Leuten, die schon mal enteignet worden sind, anders aus. Ich bin in russische Gegenden vorbeigekommen, die hatten kaum einen ordentlichen Mobilfunkempfang und trotzdem hatten die Leute Bitcoins. Ich habe gehört, dass der internationale Währungsfonds vorschlägt, die Spareinlagen der Mitgliedsländer unter anderem auch in Deutschland (teilweise) zu enteignen. In Zypern wurde das ja bereits demonstriert. Da würde der Kurs auf weit über eine Million schießen.

F: Pjotr, vielen Dank für Deine Einschätzung.

Der Hacker

Peter ist ein junger Mensch aus der Großstadt, der sich seit seiner frühen Kindheit schon mit Technik auseinandergesetzt hat. Viele würden ihn als Hacker bezeichnen. Er selbst sagt, er sei ein aggressiver Aufklärer. Er sieht aus wie knapp 15, wirkt sehr natürlich, nicht aufgesetzt und selbstsicher.

F: Darf ich du sagen?

A: Ja klar.

F: Also Peter, du scheinst mir noch recht jung, wie alt bist du?

A: Siebzehn

F: Wie kommt es, dass ein junger Mensch wie du zu einem – sagen wir mal - Hacker geworden ist.

A: Hacker – das Wort mag ich eigentlich nicht so, das hatte ich ja schon im Vorgespräch gesagt, aber sagen wir, ich war schon immer an Technik interessiert. Dabei fasziniert mich, dass weder Herkunft, Alter noch körperliche Stärke zählen, sondern dass du dich über alles erheben kannst. Und dazu gehörte es dann auch für mich die Sicherheitsvorkehrungen, die andere getroffen haben, zu überwinden. Früher habe ich auch mal im Kaufhaus was mitgehen lassen – aber eher wegen der Aufregung.

F: Wie waren deine Anfänge?

A: Naja – die ersten Schritte in „Überwindung von elektronische Hindernissen" hatte ich zu Hause, da meine Eltern meinten, mich vor der schlimmen Technik dort draußen schützen zu müssen. Ich wurde sozusagen von meiner Mutter dazu getrieben. Dann wurde es auch in der Schule interessant, wenn man mal die Email-Adressen seiner Mitschüler prüfen konnte. Da konnte man dann schon das eine oder andere Mädel gut rumkriegen, da man ja ganz gut über sie Bescheid wusste. Tja und so ging es dann weiter.

F: Wie ist deine Masche, wie dringst du in die Systeme ein?

A: Es liegt alles offen. Wer ein wenig im Internet forscht, wird schnell fündig. Hier gibt es komplette Videos, Anleitungen und Softwareprodukte, die Schwachstellen im System ausnutzen. Wichtig dabei ist es, immer vorne zu bleiben.

Es gibt zum Beispiel Programm wie Cain & Abel, die viele Schwachstellen von verschiedensten Softwareprodukten ausnutzen. Dabei sind diese Schwachstellen offen bekannt, werden einfach nur nicht geschlossen. In früheren Zeiten hatten zum Beispiel viele Menschen ein WLAN basierend auf WEP. Dieses Protokoll ist total unsicher und kann in ein paar Minuten geknackt werden. Wenn man erst mal drin ist, kann man praktisch alles sehen, was derjenige macht. Das wäre so, als wenn man einen Nachschlüssel zur Haustür hat und dann permanent schaut, was derjenige zu Hause treibt. Dazu kommt die Faulheit der Menschen. Hat man ein Kennwort, hat man häufig alle. Oder die haben noch leichte Abweichungen. Bin ich also erst mal drin und derjenige meldet sich an zwei, drei Diensten an, so kann ich meistens das Muster schon sehen.

F: Aber so ein WLAN hat ja auch nicht unbegrenzte Reichweite. Fällt es nicht auf, wenn du dich da mit einem Computer aufhältst.

A: Ich hatte auch immer eine gute Tarnung – und zwar Pizzabote. Ich bin einfach in ein großes Hochhaus und hatte das ganze Equipment in meiner Box, da hatte keiner Misstrauen. Wenn man die Geräte auch erst mal richtig eingestellt hat, laufen die von selbst. Dann wertet man zu Hause die Daten aus und kommt noch mal wieder. Beim zweiten Besuch habe ich dann, wenn ich Kennwörter herausbekommen habe, Software auf dem Rechner installiert, so dass ich den dann fernsteuern konnte. Diese Fernsteuerung habe ich dann von zu Hause über einen Rechner in Russland ansteuern können, sobald der Rechner online war. Katsching – und der Rest ist dann ein Kinderspiel.

F: Warst du dann immer als Pizzabote unterwegs?

A: Nein, natürlich auch auf anderen Wegen. Ein toller Ort ist auch zum Beispiel Starbucks!

F: Warum ist ein öffentliches Cafe denn ein toller Ort für diese Art von Tätigkeiten.

A: Dort sind jede Menge Leute, und es gibt ein freies WLAN. In der Regel surfen die Leute dort auch sehr rege. Ich nehme dann immer meinen „Jasager" mit. Das ist ein Gerät, welches die Anfragen der Handys, Tablets und Computer immer mit Ja beantwortet. Die fragen also nach ihren konfigurierten WLANs und dann sagt mein Jasager: Ich bin dein WLAN. Danach surfen die dann über meinen Jasager im Internet, den ich wiederum mit dem öffentlichen Netz des Cafes verbunden habe.

F: Und wo ist da dein Vorteil?

A: Ich sehe wieder mal alles, was der Nutzer macht. Welche Webseiten er besucht und welche Kennwörter er da eingibt. Sobald er kein SSL macht, also keine verschlüsselte Seite aufruft, kann ich alles in Klartext mitlesen beziehungsweise aufzeichnen. Und selbst bei den verschlüsselten Seiten gibt es noch ein paar Tricks, die nur erfahrenen Benutzern ins Auge fallen.

F: Wo bekommst du diese Geräte her, gibt es da einen Untergrundmarkt?

A: Ne, ganz normal über das Internet bestellt. Einfach in der Suchmaschine Jasager eingeben und das Ding bestellen. Kostet rund 99,- $ plus Versand und Zoll. Wie ich schon vorhin sagte, das ist alles offen gelegt. Man kann sich ja auch dagegen schützen, die sind nur alle viel zu faul.
In der Zwischenzeit sind aber schon einige Betriebssysteme gegen den Jasager gefeit. Aber man kann ja immer noch einen Hotspot „Freies WLAN" aufmachen. Da gehen die dann trotzdem rein und ich kann alles mitlesen.

F: Aber das sind doch eine Menge Daten – wie kommst du da auf das Passwort.

A: Ich schaue mir die Daten ja nicht live an, sondern zeichne sie auf und werte sie dann zu Hause aus. Dann durchsuche ich die Aufzeichnung nach Schlüsselwörtern wie „&pass", mit dem in der Regel Passwörter mitgegeben wurden. Sobald ich in einem Account drin bin, geht es weiter, und ich suche auf den ganzen Social Media Sachen die Adresse raus. Das WLAN habe ich ja gleich durch meinen Jasager mit dazu bekommen. Ist das WLAN allerdings mit WPA2 ausgestattet und das Kennwort ist nicht „Passwort" oder so ganz einfache Sachen wie Vorname plus Geburtsdatum, dann komme ich da nicht rein. Manchmal schicke ich dann einfach eine Mail, die von einem „Freund" kommt und packe da dann meinen Trojaner rein, den Freund kenne ich ja aus den Social Media Webseiten.
Dann schreibt man noch – „hier das tolle Programm hier habe ich gefunden und dann noch ein bisschen Blabla, was zum Hintergrund der Person passt und ein Hinweis „vielleicht springt dein Virenscanner an, aber das kannst du

ignorieren, die Datei ist sauber". Manche sind dann einfach zu blöd und führen es echt aus.

F: Wie die Mail kommt von einem Freund, hast du dann auch dessen Email Konto geknackt?

A: Nein nein – Email-Adressen kann man so fälschen. Manche Mail Anbieter prüfen das nicht richtig.

F: Wie bist du auf Bitcoin gekommen?

A: Ich habe bei einer meiner „Untersuchungen" eine entsprechende Software auf dem Rechner gefunden, hatte aber bis dahin nichts davon gehört. Ich fand nur den Rechner sehr spannend, da meine Überprüfungssoftware festgestellt hat, dass der Rechner ziemlich viel gerechnet hat. Dann habe ich geforscht und habe Bitcoin kennen gelernt. Der Rechner war also ein Miner. Eigentlich hätte ich erwartet, dass jemand der Bitcoin nutzt sich besser schützt – aber wie so immer denkt jeder, er sei nicht betroffen. Naja – falls du das hier liest - vielen Dank für den Einstieg.

F: Und dann?

A: Tja – dann habe ich mich intensiv mit Bitcoins beschäftigt. Ich glaube ich bin 2 Wochen nicht zur Schule gegangen, habe gesagt ich sei krank und habe alles, was ich dazu finden konnte, gelesen. Ich war total fasziniert. Im Prinzip eine Währung, die nicht von einem Staat oder Bank kontrolliert werden kann. Totale Freiheit!
Tja und dann ist es noch ziemlich einfach, die Bitcoins weiter zu schicken, so dass dann irgendwann niemand mehr weiß, wo die eigentlich sind. Klar, kann man die in der Block Chain nachverfolgen, aber wenn ich die Coins zerteile und über verschiedene Adressen immer weiter verschicke, hat da keiner ne Chance – außer vielleicht die NSA (lacht).

F: Das heißt, du nimmst dann die Bitcoins deiner Opfer?

A: Opfer würde ich die nicht nennen, sondern von den Menschen, die zu faul sind sich zu schützen, die kläre ich auf, dass man auf seine Sachen aufpassen sollte. Ich lasse ja auch nicht meine Haustür offen stehen und habe dann dort Geld lose rumliegen. Das macht doch auch keiner. Oder wenn einer klingelt und sagt – „Hallo, darf ich mal bei Ihnen rein kommen und schauen wo Sie Ihr Bargeld haben". Genau so ist das nämlich.
Tja – und da zweige ich dann mal den einen oder anderen Bitcoin ab.

Ich frage mich ja ob die schon mal zur Polizei sind. Also Herr Wachtmeister – hier hat mir jemand Bitcoins geklaut – Bit… was? Die wären ja total überfordert.

F: Wie viele Bitcoins hast du über diesen Weg bekommen?

A: Auch wenn das Interview anonym ist, möchte ich das hier nicht sagen, es sind jedenfalls 4 stellige Zahlen. Ich habe mir ja auch schon welche besorgt, als die noch nicht so viel wert waren. Da habe ich dann mal wen um 100 Coins erleichtert, was damals ja nur ein paar Euro waren.

F: Was machst du mit den Bitcoins?

A: Ein paar tausche ich gegen Bares über sogenannte over the counter Geschäfte, sprich Bitcoin gegen Bares. Hehe – das war letztens schon komisch, als ich nen Deal über 10.000,- € gemacht habe. Da kamen zwei Leute im Anzug und haben sich total gewundert, als sie so nen jungen Typen gesehen haben. Dann sitzt man da so für 20 Minuten zusammen, bis die Überweisung bestätigt wurde und dann geht jeder wieder seiner Wege. Hier merke ich auch, dass immer mehr Menschen mit viel Geld einsteigen. Denn wer kann schon mal so eben 10.000,- € ausgeben. In der letzten Zeit habe ich mich dann aber immer geärgert, wenn ich ein Deal abgeschlossen habe, denn am nächsten Tag waren die Coins viel mehr wert.
Von der Kohle habe ich mir dann erst mal neues Equipment gekauft. Meiner Mutter habe ich dann auch was in die geheime Spardose getan. Die wird sich wundern, dass da plötzlich 500,- € drin sind – die glaubt wahrscheinlich an ein Wunder.

F: Wie können sich die Computernutzer vor Menschen wie dir schützen?

A: Steht alles im Internet – ist alles veröffentlicht. Suchen kann man nach Jasager, WLAN Sicherheit. Oder auch nach Kismet oder airodump, das sind mal die Grundzüge. Wenn man es sich durchliest, kann man sich schützen. Einfach ein wenig wacher durch die Welt gehen. Ein Virenschutz und ne Firewall sind auch schon mal nicht schlecht – und Leute - „Den Virenschutz müsst ihr auch aktuell halten und starten"!

F: Kann man seine Bitcoins noch weiter schützen?

A: Grundregel ist, die Wallet zu verschlüsseln, am besten mit einem Kennwort mit 20 Zeichen – das kann niemand knacken – zumindest nicht nach heutigem Kenntnisstand – wenn es wer kann, hat der sicherlich kein Interesse an dir, da der eh die Weltherrschaft hat. Aber nicht mit dem gleichen oder ähnlichen

Passwort wie das Email Passwort. Gut ist auch, die ganze Software auf einen USB Stick zu packen und den nur am Netz zu haben, wenn man was empfangen bzw überweisen will.

An sich sollte man die Wallet natürlich sowieso sichern. Ist die mal weg, sind die ganzen Bitcoins auch weg. Hier könnte man sich vorher den private key von seiner Wallet besorgen. Damit kann man dann auch die Wallet wieder herstellen. So jetzt frag aber nicht, wie das geht. Nicht faul sein, selber rausfinden.

F: Zum Abschluss noch meine Standardfrage. Wann wird der Bitcoin 1 Million Dollar wert sein?

A: Seit September diesen Jahres steigt der Wert ja exponentiell. Wenn das anhält, sprich eine Verdopplung in einem Monat, wäre das ein tolles Weihnachten 2014. Ich denke, es werden demnächst noch die Banken mit in das Geschäft einsteigen. Da wird es zwischendurch auch noch mal runter gehen. Ob wir 2014 dann schon die Million haben, glaube ich ehrlich gesagt nicht. Dann würde ich wahrscheinlich auch durchdrehehehen. Wie soll man dann als Milliardär mit 18 da auch cool bleiben.

Aber mit 19 will ich es dann schon sein.

Der Kater Curry

Ich begegne John, einem Mittvierziger, in seinem kleinen Häuschen in einer idyllischen Kleinstadt. John hat schulterlanges Haar und wirkt, als hätte er einer der Mitbegründer der Hippiebewegung sein können. Er ist ein äußerst entspannter und freundlicher Mann. Doch seine Geschichte dreht sich weniger um ihn als um seinen Kater "Curry", dem John alles anvertraut hat und, wie er uns gleich erzählen wird, mit größtem Erfolg.

F: Guten Tag, John. Schön, dass ich dich besuchen darf.

A: Gerne doch. Ich bin der Meinung, dass man wichtige Botschaften mit anderen Menschen teilen sollte. Wenn wir alle unsere positiven Erfahrungen und Entdeckungen miteinander austauschen, kann es uns allen besser gehen.

F: Welche positiven Erfahrungen und Entdeckungen möchtest Du uns denn mitteilen?

A: Meine Botschaft ist: Vertraue mehr auf dich und auf die Zeichen der Natur. Dort kannst du alles ablesen. Wenn du im Einklang mit der Natur lebst, lebst du im Einklang mit dir selbst. Dann triffst du wieder unverfälschte Entscheidungen und lebst ein glückliches und freies Leben.

F: Was meinst du mit "die Zeichen der Natur ablesen"? Kannst du mir ein Beispiel geben?

A: Ich kann Dir sogar viele Beispiele geben. Ich denke, dass uns die Natur viele Hinweise auf unsere Situation und auf anstehende Ereignisse geben kann, die wir noch nicht wahrnehmen. So spüren zum Beispiel gerade Tiere lange vor uns, dass sich eine Katastrophe ereignen wird. Es gibt hierzu viele spannende Berichte. So flüchteten im Jahre 2004 viele Elefanten und andere Tiere viele Stunden vor dem Auftreffen der Tsunamiwelle auf die Küste ins Landesinnere.

F: Zu diesem Thema gibt es tatsächlich viele Berichte.

A: Ja. Oft fliehen die Tiere Stunden bis Tage vorher, egal ob es nun Mäuse, Katzen, Frösche, Pferde, Vögel oder Schlangen sind. Im Jahre 1975, es war Anfang Februar, erwachten um die nordostchinesische Stadt Haicheng herum viele Schlangen vorzeitig aus ihrem Winterschlaf und verließen ihre Winterstätten. Tage später legte ein Erdbeben die Stadt in Schutt und Asche. Das Interessante war, dass Wissenschaftler das Verhalten der Tiere beobachteten, daraufhin eigene Messungen durchführten und die Stadt räumen ließen. So wurden viele Menschenleben gerettet.

F: Das ist sehr interessant. Allerdings handelt es sich hierbei auch um sehr extreme Ereignisse. Beobachtest du also auch Tiere? Und geben sie dir tatsächlich Hinweise auf Situationen in deinem Alltagsleben?

A: Ja, es ist absolut unglaublich. Ich bin so begeistert. Und ich stehe damit in einer langen menschlichen Tradition: Schon die Alten Griechen waren Spezialisten darin, den Zug der Vögel zu deuten. Die Idee, das Verhalten der Tiere für den Alltag zu beobachten, kam mir vor einigen Jahren. Zu dieser Zeit wurde wieder einmal ein Zitat eines bekannten Professors aus Princeton diskutiert, der 1973 in seinem Buch behauptet hatte, dass es schlauer sei, einen Affen mit verbundenen Augen Dartpfeile auf die Börsenkurse des Tages werfen zu lassen, als einen professionellen Broker für Tipps zu bezahlen, die im Zweifelsfall schlechter seien.

F: Das sorgte damals für große Aufregung.

A: Allerdings. Vor einigen Jahren wurde diese Behauptung wieder aufgegriffen und ein Affe namens "Adam" wurde vor den Börsenteil einer Zeitung gesetzt und markierte dort mit einem Stift Aktien. Er schnitt in mehreren Jahren deutlich besser ab als die Profis. Eine zeitlang wollte er nichts anstreichen. Kurz darauf krachte die Börse zusammen.

F: Auf welcher Idee hat dich das gebracht?

A: Ich war damals in den Kontakt mit Bitcoins gekommen. Ich halte immer Augen und Ohren offen, wenn es um neue Entwicklungen geht. Der Gedanke des Bitcoin sprach mich sehr an, da er von Mensch zu Mensch gehandelt wird. Gerade nach dem Zusammenbruch der Börse, der viele Menschen ins Unglück stürzte, und der zunehmenden Überwachung aller Bewegungen von Menschen, besonders in finanzieller Hinsicht, kam ich mir immer mehr wie "Schlachtvieh" vor - entschuldige die heftige Wortwahl. Aber da werden dann einfach einmal tausende von Existenzen kaputt gemacht. Da der Bitcoin dezentral ist und nicht kontrollierbar ist, fand ich das Thema hochspannend. Ich war mir jedoch nicht sicher, ob er in der Welt würde fußfassen können. Und da erinnerte ich mich an den Affen Adam.

F: Wolltest du ein Tier vorausagen lassen, wie sich der Bitcoin entwickeln würde?

A: Genau. Mir fiel mein Kater "Curry" ein. Wir sind Freunde. Trotzdem hat er sich sein Naturell und seine Wildheit bewahrt. Er ist viel draußen, kommt aber auch auf ein paar Streicheleinheiten und ein paar Happen gerne vorbei.

F: Wie sollte dir Curry nun vorhersagen, wie es um den Bitcoin steht?

A: Ich hatte damals bereits einige Bitcoins geschürft. Das ging zu dem Zeitpunkt noch sehr gut. Ich baute in meinem Wohnzimmer zwei Kratzbäume auf, auf die ich Futterschälchen stellte. Unter dem einen Kratzbaum stand auch der Computer, auf dem die Bitcoins waren. Außerdem schrieb ich auf das Futterschälchen ein Bitcoinzeichen. Ich wollte untersuchen, wo sich Curry aufhalten würde: Würde er auf den Kratzbaum gehen, der über dem Bitcoincomputer stand? Würde er aus dem Bitcoinschälchen fressen? Würde er auf dem Kratzbaum spielen und schlafen? Oder würde er den anderen bevorzugen? Oder abwechselnd?

F: Du hast also Currys Verhalten beobachtet?

A: Ja, ich führte genaue Aufzeichnungen darüber, wann und wie oft er wo fraß und auf welchem Kratzbaum er wie oft war.

F: Was haben deine Studien ergeben?

A: Ich war überrascht. Ich war schon unsicher gewesen, ob nicht die Tatsache, dass ein Computer, der läuft, nicht generell etwas sein würde, was eine Katze stört. Aber das war nicht der Fall. Anfangs untersuchte Curry beide Kratzbäume gründlich und fraß auch aus beiden Schälchen. Mit der Zeit entwickelte sich jedoch der "Bitcoin-Kratzbaum" zu seinem bevorzugten Aufenthaltsort. Er war insgesamt jedoch nicht so oft im Haus.

F: Da Du die "Zeichen der Natur" für den Alltag nutzen wolltest, wie hast du Currys Verhalten in Bezug auf die Bitcoins umgesetzt?

A: Basierend auf der Tatsache, dass Curry den Bitcoinbaum und das Bitcoinschälchen dem anderen bevorzugte, entnahm ich, dass der Bitcoin generell gute Chancen hat. Ich behielt also die geschürften Bitcoins und schürfte weiter. Allerdings wurde mir der Stromverbrauch irgendwann zu hoch, sodass ich das dann aufgab.

F: Und dann?

A: Im letzten Januar fing Curry an, sich viel häufiger auf dem Bitcoinkratzbaum aufzuhalten. Und tatsächlich zog auch der Bitcoinkurs an.

A: Was sagten deine Freunde zu deinem Experiment?

F: Die meisten fanden es Humbug. Sie sagten, dass Curry lieber auf dem Bitcoinkratzbaum sei, weil dieser am Fenster stand. Und da Katzen gerne rausschauten, sei das ganz natürlich, dass er dort lieber sei. Die Tatsache, dass er jetzt viel öfter dort saß, schrieben sie dem Winter zu. Sie hielten das Ganze für Aberglaube.

F: "Hielten"?

A: Na ja, als Curry dann Anfang April nicht mehr auf den Baum ging, obwohl der Kurs nach oben schoss, und ich daraufhin viele Coins verkaufte, kurz bevor die Korrektur einsetzte, da kamen manche von ihnen ins Zweifeln.

F: Wie ging es weiter?

A: Ein paar Wochen später fraß Curry wieder auf dem Bitcoinbaum. Ich kaufte mit dem gemachten Gewinn also wieder Bitcoins ein. Curry war nicht so oft da, aber wenn, dann war er auf besagtem Baum zu finden. Ich behielt die Coins also. Ende September hielt Curry sich überdurchschnittlich viel auf dem Kratzbaum auf. Auf den anderen ging er nun gar nicht mehr. Deshalb kaufte ich noch einmal Bitcoins nach. Und nach dem heutigen Stand muss ich sagen: Curry lag goldrichtig. Aber ich habe ja nie etwas anderes behauptet. Schließlich wussten schon die Alten Griechen um die Macht der Tiere. Ich habe meinen Gewinn durch Currys Vorhersage vervielfacht.

F: Deinen Erfolg schreibst du also tatsächlich Curry zu?

A: Ganz eindeutig. Curry hat mit seinem Verhalten gezeigt, dass der Bitcoin Erfolg haben wird. Und ich bin ihm wirklich dankbar dafür. Dank meines treuen Freundes muss ich nicht mehr aus dem Zwang, mich ernähren zu müssen, einer Arbeit nachgehen, die ich eigentlich nicht unterstütze.

Wer unterstützt schon gerne die Umweltzerstörung, das Ausrotten von Tierarten, die Verseuchung des Planeten mit Atomkraft, die zum Beispiel unaufhaltsam von Fukushima aus in die Weltmeere fließt? Wer ist ein Freund des Kriegs, von Hunger, Not und Krankheit? Wenn wir all die Ressourcen, die wir als Menschheit dafür vergeuden, für uns und den Planeten verwenden würden, könnten alle gut und in Reichtum leben.

Deshalb werde ich mich mit diesen gewonnen Mitteln jetzt bei nützlichen Projekten engagieren. Und ich will etwas für den Ruf des Bitcoin tun, da es mich ärgert, dass er von denen, die Kriege ausrichten, bereits wieder tüchtig diffamiert wird, indem er als kriminelles Werkzeug verschrien wird. Damit wollen sie ein neues Werkzeug der Freiheit zerstören, damit sie alle weiterhin kontrollieren und unterdrücken können. Aber ich werde den Bitcoin unterstützen. Er geht von Mensch zu Mensch. Sie können ihn verleumden, aber sie können ihn nicht vernichten.

F: Das sind sehr kritische Worte. Ich entnehme ihnen unter anderem, dass du den wahren Wert des Bitcoins als noch unerkannt ansiehst?

A: Ja. Der Bitcoin ist mit Millionen nicht aufzuwiegen.

F: Das ist eine geradezu elegante Überleitung zu meiner letzten Frage:
Wann wird der Bitcoin 1 Millionen Dollar wert sein?

A: Das wird Curry mir zeigen. Im Moment ist er nicht da, aber er kommt wohl bald wieder.

Der Süchtige

Kasper ist krankhafter Spieler und durch die Trennung von seiner Freundin zum reichen Mann geworden, sozusagen Gewinn durch Verlust.

F: Hallo Kasper, du sagst selbst du seist Spieler – bist du über das Spiel reich geworden?

A: Im Prinzip ja – ich spiele schon seit geraumer Zeit, sei es Poker, Black Jack, Automaten, Fußballwetten, eigentlich alle Art von Sportwetten und so weiter. Irgendwann bin ich dann mal auf Bitcoin gestoßen, und da man hier relativ anonym spielen kann, fand ich diese Möglichkeit sehr interessant. Meine damalige Freundin war schon ziemlich sauer auf mich, weil ich dauernd gezockt und praktisch auch alles verzockt habe.

F: Das hört sich aber grad nicht so an, als wenn du reich damit geworden bist.

A: Ich habe das meiner Freundin zu verdanken. Die hat sich nämlich von mir getrennt. Ich bin zur Rennbahn, denn ich hatte einen super Tipp von einem Freund. Eigentlich sollte ich eine neue Waschmaschine kaufen, da unsere kaputt war. Doch mit diesem sicheren Tipp dachte ich, könnte ich die Waschmaschine und noch was Schönes für mich und für meine Freundin besorgen. Tja, leider war der Tipp nicht ganz so gut, und ich habe alles verloren. Da ist dann Betty komplett durchgedreht und ist mit allen Sachen Hals über Kopf abgehauen und ist zu einer Freundin gezogen.

F: Ich sehe noch immer nicht den Zusammenhang.

A: Wie gesagt hatte ich schon mit Bitcoins gespielt und hatte die noch für ca. 80 Cent eingekauft. Das war glaube ich so Anfang 2011. Kurz danach ist Betty dann halt abgehauen und hat dabei auch ihre ganzen Unterlagen, die sie immer fein säuberlich abgeheftet hatte, mitgenommen. Und genau in diesen Unterlagen hatte ich mein Kennwort für meine Bitcoin Wallet versteckt. Ich hatte mir einfach das zehnte Blatt von hinten von ihrem Versicherungsordner genommen und dort eine Versicherungsnummer mit einem Datum markiert und noch was aus dem Satz, der da stand. Das war mein Kennwort. Ich hatte in der Wallet ca. 3.000 Bitcoins, da ich ausnahmsweise mal in einer Lotterie was gewonnen hatte. Tja und nun kam ich nicht mehr ran. Betty wollte einfach nichts mehr von mir wissen, hat alle Telefonanrufe abgewiesen und wollte mich auch nicht mehr treffen.

F: Das heißt, du hattest 3.000 Bitcoins, kamst aber wegen des fehlenden Kennworts nicht mehr dran.

A: Ja, ganz genau. Und da Betty wirklich komplett dicht gemacht hat, habe ich die 3.000 auch abgeschrieben. Dann ging der Kurs stark nach oben. Plötzlich stand er bei 50 Euro. Das hat mir dann natürlich keine Ruhe mehr gelassen. Ich habe mich dann umgehorcht, ob man so ein Kennwort irgendwie knacken kann. Da die Versicherungsnummer aber recht lang war und ich auch nicht mehr wusste, welches Datum das war und ob das Datum mit Punkt oder Strich oder wie auch immer aussah, habe ich die Auskunft bekommen, dass wenn ich 1.000 Jahre alt würde, man vielleicht was für mich tun könnte. Ich habe dann geschaut, wie ich Betty wieder gewinnen konnte. Also zwei Fliegen mit einer Klappe schlagen, denn ich hatte sie auch wirklich vermisst und letztendlich hatte sie mit der Trennung auch dafür gesorgt, dass ich zumindest ein bisschen weniger gespielt habe. (Anmerkung: Weil er kein Geld mehr von ihr bekommen hat.)

F: Und wie ging es dann weiter?

A: Ehrlich gesagt hatte ich überlegt, ob ich bei ihr einbreche. Ich stand auch schon an der Tür und habe mit einer Kreditkarte versucht, die Tür aufzumachen, aber das ist Blödsinn, das klappt überhaupt nicht.

F: Warum hast du Betty nicht eingeweiht?

A: Vor lauter Ärger hätte die vielleicht alles abgehoben. Da hatte ich schon Schiss, dass ich gar nichts mehr davon haben sollte.

F: Ja und dann?

A: Dann habe ich mich wirklich um sie bemüht. Ein Freund von mir hatte glücklicherweise bei so nem Ding mit gemacht, wo er für ein Jahr in einem Schloss leben darf. Total abgefahren. Heißt irgendwie King for a year und er konnte sowieso nicht immer da sein. Da hat er mir dann für ein Wochenende die Bude mit 16 Zimmern überlassen, und ich habe Betty nach zwei Jahren dorthin eingeladen. Das Ganze habe ich über ihre Freundin eingefädelt. Die hatte ich dann davon überzeugen können, dass ich wirklich zurück will. Sie hat dann Betty vorgeschlagen, doch mal eine Woche auszuspannen und sie hätte ganz günstig so ein Schloss in Frankreich gefunden. Das wäre bestimmt ganz klasse. Betty ist drauf eingestiegen und dann war ich dort.

F: Wie hat sie reagiert?

A: Sie war total aufgebracht. Ich hatte aber von Ihrer Freundin erfahren, dass sie doch immer mal wieder von mir erzählt hatte und irgendwie hoffte, dass ich vom Spielen weg komme. Ich hatte mir dann einige Antisucht Programme rausgesucht und habe dann auch eines besucht. Das habe ich ihr dann alles erzählt und dass ich mich auch wirklich bessern will, wenn sie nur wieder zurückkommt. Dass sie mir Halt gibt und ich sie immer noch liebe.

F: Hast du ihr von den Bitcoins erzählt?

A: Nicht am ersten Abend, aber wir waren dann dort ja eine Woche. Irgendwann habe ich dann doch ein schlechtes Gewissen wegen der ganzen Sache bekommen, denn es sah so aus, als wenn sie mir noch eine Chance geben wollte. Und diesmal wollte ich nicht wieder alles verspielen. Ich habe ihr dann am Donnerstag alles mit den Bitcoins gebeichtet. Mein Vorschlag war, dass wir uns von dem Geld ein Apartment kaufen und sie das Geld verwaltet, was übrig bleibt. Ich wollte sie wirklich zurück. Die Coins waren in der Woche dann zweitrangig.

F: Wie hat Betty darauf reagiert?

A: Na wie wohl – erst mal war sie total enttäuscht. Sie dachte natürlich, ich wollte nicht sie sondern nur die Coins zurück.

F: Das hat ja auch gestimmt, oder?

A: Wegen der Coins habe ich den Schritt gemacht und dann aber gesehen, was ich verloren hatte. Ich hab dann auch gesagt, dass sei einfach Schicksal. Ihre Trennung hat dafür gesorgt, dass wir endlich das erreichten, was ich mit dem Spielen immer erreichen wollte. Die Coins waren dann in der Woche wirklich zweitrangig

F: Ist das immer noch so?

A: Manchmal, wenn ich unbedingt zocken will, dann will ich am liebsten nur die Coins. Das kommt schon manchmal durch, und es gab auch die eine oder andere Nacht, in der ich wach lag und gedacht habe, Mensch jetzt könntest du die ganze Kohle haben, aber am nächsten Tag weiß ich dann, dass ich die Kohle wohl nicht mehr hätte, wenn ich mit Betty nicht wieder zusammen wäre.

F: Wie geht ihr jetzt mit den Coins um?

A: Wir haben als der Bitcoin so bei 150 € 1.500 Coins gewechselt und tatsächlich eine Wohnung gekauft und noch einen schönen Urlaub gemacht. Den Rest verwaltet Betty.

F: Hast du gar keinen Zugriff drauf?

A: Nein, das macht Betty alles – ist, denke ich, auch besser so. Auch wenn es mit meiner Spielerei weniger geworden ist und ich das ganz gut im Griff habe, traue ich mir selbst da dann doch nicht so recht.

F: Vielen Dank Kaspar für die ehrlichen Worte, zum Abschluss noch eine Frage bezüglich der Entwicklung der Bitcoins. Wann wird der Wert eine Million erreichen.

A: Oh mein Gott – ich denke in 20 Jahren mache ich dann mein eigenes Casino auf. Also so in 20 Jahren wäre schon gut.

Der Lehrer

Joe ist Berufsschullehrer und generell ein cleverer Mensch. Er ist einer der wenigen Lehrer, der zugibt, nur aus einem Grund Lehrer geworden zu sein. Richtig. Viele Ferien und eine ordentliche Bezahlung.

F: Joe gibt es noch weitere Vorteile wenn man Lehrer ist?

A: Ja, ich habe bei einer Anschlussfinanzierung für meine Eigentumswohnung einen Zinssatz von unter 2% p.a. bekommen. Als Lehrer habe ich eine hohe Kreditwürdigkeit bei den Banken.

F: O. k. das ist schön, aber ehrlich gesagt habe ich was anderes gemeint. Kannst du dich an Ludmilla von der Klasse BKF II erinnern? Die hat dir doch mal hinter dem Kopierer einen geblasen.

A: Ja, daran kann ich mich natürlich erinnern, aber willst du das jetzt im Buch veröffentlichen. Was soll das?

F: Du hast Recht. Unser Thema hier ist im Vergleich zu den anderen Bitcoin Erfahrungen relativ langweilig. Weil du aber eine gute Strategie hast, die nachweislich funktioniert, möchte ich diese gern mit ins Buch aufnehmen.

A: Schön, dass du zur Sache kommst.

F: Deine Strategie ist schnell erzählt. Du handelst nachmittags noch an den Börsen dieser Welt in Aktien und Währungen?

A: Richtig, ich habe verhältnismäßig viel Zeit, und da ich zu Hause die Klausuren der Schüler korrigiere lasse ich meistens parallel noch Börsenkurse laufen. Da schaue ich ab und zu mal auf den Monitor, und wenn sich eine gute Gelegenheit ergibt, schlage ich schnell zu.

F: Seit einigen Monaten hast Du parallel auch die Bitcoin Kurse auf dem Rechner?

A: Ja, da gibt es besonders leichte Möglichkeiten, Geld zu machen. Keine großen Dinger, aber in der Summe kommt monatlich schon ein ordentlicher Betrag zusammen, für den meine Oma lang stricken müsste.

F: Wie funktioniert deine Strategie?

A: Lass mich das kurz an einem anderen Beispiel erklären. Stell dir vor, du gehst zur Bank und willst Euros in Dollars tauschen, weil du z. B. in Urlaub fliegst. Jetzt hast du die Dollars in der Hand und willst quasi zeitgleich die Dollars beim gleichen Bankmitarbeiter direkt wieder in Euros zurücktauschen, weil deine Freundin gerade per SMS Schluss gemacht hat und jetzt der Urlaub ausfällt. Dann wirst du in der Regel weniger Euros haben als ganz am Anfang.

F: Am besten machst du mal ein Zahlenbeispiel.

A: O. k. Du hast 1.000 Euro und wechselst zu einem Kurs von 1,3530. Dann bekommst Du also 1.353 Dollar. Wenn du jetzt sofort wieder in Euro zurück tauschst, beträgt der Kurs jetzt nicht 1,3530 sondern 1,3550. Also jetzt durch den neuen Kurs teilen, dann hast Du tatsächlich nur noch 998,52 Euro. Du hast also 1,48 Euro verloren.

F: Und diesen Wechselverlust zwischen Ankauf und Verkauf nennt man Spread?

A: Das ist prinzipiell bei allen Finanzgeschäften so. Egal ob Währungen, Aktien, Fonds usw.

F: Das ist auch bei Bitcoins so, oder?

A: Ja auch hier ist der Spread normalerweise negativ. Das Orderbuch ist bei Bitcoin.de z. B. aber offen und einige Male am Tag, insbesondere wenn die Kurse leicht zurückgehen, ist es umgekehrt.

F: Du meinst es gibt auch positive Spreads?

A: Ja, die sind natürlich nicht lange da. Die Strategie geht nur, wenn du online bist und direkt handeln kannst. Gerade vorhin konnte ich (umgerechnet) für 744 Euro/Bitcoin kaufen und für 755 Euro/Bitcoin verkaufen.

F: Das sind sichere 11 Euro/Bitcoin ohne Risiko, quasi per Mausklick?

A: Na ja, nicht ganz. Sowohl beim Kauf als auch beim Verkauf kassiert Bitcoin.de noch jeweils 0,5% Gebühr, so dass bei dem Geschäft so etwa 3,50 Euro/Bitcoin hängen bleiben.

F: Wenn Du das also mit 10 Bitcoins machst hast du 35 Euro gemacht, vollkommen ohne Risiko?

A: Richtig, ich habe aber keinen Bock Tag und Nacht vor der Kiste zu sitzen, daher schaff ich den positiven Spread maximal 20 Mal im Monat.

F: Das sind dann ca. 700 Euro nebenbei.

A: (Joe lacht) Ja, wenn man es mit so kleinen Einheiten macht. Das können aber auch mal 7.000 Euro sein. Bitcoin.de war ja nur ein Beispiel.

F: Joe, die letzte Frage an dich. Was glaubst Du, wann wird der Bitcoin eine Million Dollar wert sein?

A: Na ja, ich bin kein Prophet, aber wenn das in dem Tempo weiteransteigt, dann wird das wohl in wenigen Jahren soweit sein.

F: Joe, vielen Dank für das Gespräch und viel Spaß beim Kopieren.

Der Miner

Gottfried war Student an einer technischen Universität in München. Als studentische Hilfskraft betreute er zusätzlich Computer in der Universität. Wir treffen uns in einem First Class Restaurant, in dem er anscheinend Stammgast ist.

F: Hallo Gottfried, schön, dass wir uns jetzt endlich mal persönlich kennen lernen.

A: Ja, das freut mich auch, ich wollte schon immer mal Akteur in einem Buch sein, eigentlich als Geheimagent aber immerhin!

F: Dein Terminkalender scheint ja ziemlich voll.

A: Ja – sagen wir mal ich genieße das Leben in vollen Zügen und hier hat es ja die letzten Tage doch ziemlich geregnet, da musste ich mal wieder was anderes sehen.

F: Das Thema des Buches ist ja, Millionär mit Bitcoin zu werden. Erzähl uns doch mal aus deiner Sicht, warum wir heute zusammen sitzen.

A: Im Rahmen meiner Tätigkeiten an der Universität habe ich schon in den allerersten Anfängen von Bitcoin gehört. Ich kenne aus einem internationalen Projekt den Finnen Martti Malmi, der den Bitcoin Client 2012 auf Linux portiert hatte. Ich fand das Konzept der virtuellen Währung damals sehr spannend, hatte jedoch die heutige Entwicklung nicht vorausgesehen. Martti hatte uns das Konzept vorgestellt, und wir hatten noch ein wenig Rechenkapazität aus einem anderen Projekt sozusagen rumstehen. Da habe ich dann meinen ersten Miner drauf laufen lassen. Es war damals eher ein Performance-Test aus meiner Sicht, und ich habe gleichzeitig das Projekt unterstützt. Sprich ich habe geprüft, wie viel Hashpower denn so ein Rechner beziehungsweise Rechnerverbund hatte.

2010 hatte man noch gute Chancen, die Aufgabe selbst zu lösen und damit alle Bitcoins einzuheimsen. Das waren damals noch 50 Bitcoins. Dies passiert so ca. alle 10 Minuten. Sprich, pro Tag wurden so ca 7.200 Bitcoins erzeugt.
Und ich hatte für ein paar Tage mal ziemlich viel Rechenpower, da wir neue Hardware für ein Projekt bekommen hatten. Das Projekt war damals für eine sehr grafikintensiven Anwendung gestartet und Grafikkarten eigneten sich am besten, um damit Bitcoins zu minen.
Dann hatte ich auch mal einen Bildschirmschoner geschrieben, das ging aber nicht lange, da dann alle Rechner, die den aufgerufen hatten, praktisch zu kochen angefangen haben. Die permanente Auslastung des Rechners hatte ihm ziemlich eingeheizt.
Aber so bin ich in den Anfängen zu einem Großteil meiner Bitcoins gekommen.

F: Kannst du kurz das Konzept mit den Aufgaben erklären.

A: Das Bitcoin System erstellt eine Rechenaufgabe. Wer die Aufgabe löst, bekommt zur Belohnung Bitcoins. Das waren am Anfang 50 Bitcoins. Diese Summe halbiert sich alle 4 Jahre. Dabei ist die Aufgabe so schwer, dass sie in ca. 10 Minuten gelöst wird. Das System ermittelt sozusagen aufgrund der zur Verfügung stehenden Rechenleistung, wie schwierig die nächste Aufgabe sein muss. Dabei kann die Aufgabe aber auch zum Beispiel in 1 Minute oder auch viel später gelöst werden.

F: Das Projekt wurde ja 2009 gestartet, warst du dann ganz am Anfang mit dabei?

A: Nicht ganz, Ich kam erst so 2010 dazu, hatte aber aufgrund der Projekte an der Universität entsprechend starke Rechenkapazität zur Verfügung.

F: Wann wurde dir bewusst, dass sich das Ganze für dich auch bezahlt macht.

A: Naja, den Start hatte damals Lazlo gemacht, der im Mai 2010 beweisen wollte, dass man mit Bitcoins reale Ware in dieser Welt bekommen konnte und sich die weltberühmte Pizza bestellt hatte. Wobei das eher ein Spaß war. Denn die Pizza wurde von einem Engländer bestellt, der dann die Bitcoins dafür bekommen hatte. Es wurde dann der sogenannte Bitcion Pizza Index bestimmt. Dank Laszlo hat der Bitcoin sozusagen in unserer materiellen Welt Einzug gehalten.

F: Ja, aber was war denn deine erste Sache die du mit Bitcoin gekauft hast?

A: Bei mir war das weniger Spektakulär, sorry dafür - für dein Buch wäre es wahrscheinlich besser, ne zweite Pizza Story zu haben, aber ich habe ganz einfach die Bitcoins auf www.Bitcoinmarket.com verkauft und Euros dafür bekommen. Das war damals aber noch verschwindend gering. Aber vom dem Geld habe ich mir dann einen Kaffee, ein Eis, eine Cola und ne Tüte Funny Frisch gekauft, jedenfalls irgendwas wie das.
Das war, meine ich, irgendwann Ende 2010. So genau weiß ich das nicht mehr. Könnte ich eigentlich mal in der Block Chain nachschauen.

F: Wie meinst du das - in der Block Chain nachschauen?

A: Meine Adresse von damals habe ich ja noch und das war die erste größere Transaktion an Bitcoins, die ich getätigt hatte. Im Januar 2010 habe ich dann noch mal ca. 50.000 Bitcoins gegen 40 Cent getauscht. Das waren dann so knapp 15.000,- €. Ach ja, die Cent sind in Dollar. Das war dann schon richtig ein Vermögen für mich. Ich dachte mir damals, wenn er wieder auf einen Cent fallen sollte, willst du wenigstens mal richtig abgesahnt haben.

F: Bereust du, dass du das damals gemacht hast und nicht alles aufgespart hast?

A: Nein - auf keinen Fall. Denn damals waren die 15.000,- € ja ein Vermögen für mich, und ich war plötzlich reich. Jetzt lebe ich natürlich in anderen Verhältnissen. Aber es kommt ja immer auf die aktuelle Situation an. Es mag wieder eine Zeit geben, in der die 15.000,- € viel Geld für mich sind.

F: Wie sieht das derzeit mit dem Minen aus? Empfiehlst du, hier noch einzusteigen?

A: Natürlich nicht - auf gar keinen Fall! Dann mache ich mir ja selbst Konkurrenz. Nein - mal ehrlich. Ich denke, es macht nur noch Sinn, wenn man irgendwo eine Stromquelle hat, die man nicht bezahlen muss. Auch ein normaler Rechner bringt praktisch nichts mehr. Ein guter Computer mit seiner CPU schafft gerade mal 50 MHash. Ne gute Grafikkarte kommt so auf die 400 MHash, aber es gibt auch schon dedizierte Hardware, die nur für das Mining entwickelt wurde, sogenannte ASICS, die 60.000 MHash schaffen. Die allgemeine Rechenkapazität verdoppelt sich grad in kurzer Zeit, da viele festgestellt haben, dass man mit Bitcoin Geld verdienen kann. Insofern muss man heutzutage schon einiges auffahren, um überhaupt noch was in die Waagschale bezüglich Rechenkapazität zu werfen. Im Prinzip sollte man sich auch einem Pool anschließen, damit man überhaupt eine Chance hat, was von dem Lösen der Aufgabe zu haben.

F: Was ist ein Pool?

A: Ein Pool ist ein Zusammenschluss von Rechenleistung. Es gibt öffentliche Pools, denen man seine Rechenkapazität zur Verfügung stellen kann und wenn dieser Pool dann die Aufgabe löst, bekommt man entsprechend seiner Rechenkapazität seinen Anteil an der Beute. Heute ist es so, dass zwei Pools auf der Welt die Hälfte der Rechenkapazität ausmachen. Das sind BTC Guild und GHash.IO. Dann kommen noch acht weitere Pools und ca. 20 % der gesamten Rechenleistung kommt von kleineren Pools oder auch direkten Minern.

F: Welche Hardware kannst du empfehlen?

A: Die leistungsstärksten sind sogenannte ASISC Rechner, die direkt dafür gebaut wurden. Damit kann man dann zum Beispiel kein Call of Duty spielen, sondern das sind reine Rechenmonster, praktisch nur für Bitcoins. Ein Hersteller wären zum Beispiel Butterfly Labs oder auch Avalon ASICS, die man online erwerben kann.

F: Lohnt es sich nun diese Hardware zu erwerben.

A: Wenn die die Difficulty, also die Schwierigkeit, so bleibt wie sie ist, dann auf jeden Fall. Das wird aber nicht der Fall sein, da diese sich ja an der Rechenkapazität orientiert. Sprich, sobald mehr und mehr dieser Geräte ihre Kapazität beitragen, umso schwieriger wird die Aufgabe.
Aber würde der Wert der Bitcoins und der Difficulty gleich bleiben und man müsste keinen Strom bezahlen, so hätte man seinen Hardware Einsatz in ca. 2 Monaten raus.
Wie sich der Markt entwickelt, kann ich aber nicht voraussagen.
Es gibt im Internet verschiedene Kalkulationsprogramm dafür, die insbesondere auch von den Hardware Herstellern bereitgestellt werden. Hier lohnt sich aber immer noch mal ein zweiter Blick.

F: Betreibst du noch das Mining?

A: Naja – in der Universität mine ich nicht mehr. Das gehört der Vergangenheit an. Ich bin aber immer noch mit aktueller Hardware in einem Pool unterwegs.

F: Wie viel Bitcoins erzielst du dann pro Tag und welche Hardware steht dahinter?

A: Ich benutze ASICS Hardware, beteilige mich damit an verschiedenen Pools, und es kommen so 0,1 bis 0,5 Bitcoin am Tag raus. Das sind dann also so 3 bis

15 Bitcoins im Monat. Wobei das mit der Zeit immer mehr abnimmt, dafür nimmt aber der Wert der Bitcoins zu. Die Zeiten aber, wo man tausende Bitcions in kurzer Zeit erhalten hat, sind vorbei.

F: Magst du dem Leser sagen, wie viele Bitcoins du hast?

A: Nicht wirklich – über Bitcoins spricht man doch nicht, Bitcoins hat man oder wie war der Spruch. Aber ich verrate mal so viel, dass ich nur einen Teil meiner in frühen Zeiten errechneten Bitcoins unter die Leute gebracht habe.

F: Meine beliebte Frage zum Abschluss, wann wird der Bitcion die 1 Million Dollar Marke erreichen.

A: Der Bitcoin hat die 1 $ Marke im April 2011 durchbrochen, dann die 10 $ Marke Anfang 2013 und die 1.000 $ Marke vor ein paar Tagen – das war übrigens eine tolle Party, die wir da gemacht haben. Wenn es so weiter geht, in Kürze – ich nehme aber an, der Höhenflug wird noch mal kurz gestoppt und der Kurs fällt noch mal runter zwischendurch. Das wird fremdgetrieben sein von irgendwelchen Investoren oder Staaten, sprich, die Leute werden zur Panik getrieben, so dass die ganz schnell ihre Bitcoins verkaufen wollen. Dann wird wieder gekauft, und es wird Schwankungen geben, wie wir sie schon hatten. Da gibt es dann wieder haufenweise Leute, die von einer Blase sprechen, die wahrscheinlich insgeheim den Preis drücken wollen, um selbst wieder einzusteigen. Letztendlich denke ich, es wird noch 10 Jahre dauern. Ich hoffe natürlich, das geht ein bisschen schneller und dass insbesondere der Bitcoin als normales Bezahlmittel akzeptiert wird.

F: Gottfried, vielen Dank für deine Ausführungen und weiterhin viel Erfolg beim Minen.

Der Arbeitslose

Henk war arbeitslos und völlig mittellos. Er hat es geschafft, innerhalb von vier Monaten mit Bitcoin zum Millionär zu werden.

F: Kann man das, was du gemacht hast, immer noch machen. Oder war es eine einmalige Gelegenheit, die du ergriffen hast?

A: Vielleicht bin ich in einer guten Zeit eingestiegen, aber mein Modell wird immer funktionieren. Nicht ganz so schnell und dynamisch. Doch wenn man statt vier Monaten, tatsächlich waren es bei mir fast fünf Monate, ein Jahr braucht und statt einer Million mit einer halben zufrieden ist, dann geht das auch in 10 Jahren noch so.

F: Also ist es gut, früh anzufangen?

A: Früher ist immer besser als später. Auf jeden Fall, wenn wir über gute Dinge reden. Und Erfolg ist eine gute Sache.

F: Was uns alle interessiert, ist, wie du es angestellt hast, in so kurzer Zeit so viel Geld zu machen. Und was auch ganz wichtig ist, was du tust, um nicht alles wieder zu verlieren.

A: Als ich angefangen habe, hatte ich zwar nichts, und es lag nahe, zu denken, dass ich dann ja auch nichts zu verlieren hätte. Aber ich fand den Gedanken unerträglich, dass ich eine ganze Zeit lang nur noch drinnen bleiben sollte, keine Kontakte zu meinen Freunden habe und dann alles umsonst gewesen sein sollte.
Deshalb habe ich von Anfang an darüber nachgedacht, wie ich meinen Reichtum sichere.

F: Du bist also kein Zocker, der alles auf eine Karte setzt.

A: Meine Freunde beschreiben mich eher als vorsichtig, sogar ängstlich.

F: Monatelang nicht mehr ausgehen und völlig isoliert zu arbeiten, klingt nicht sehr reizvoll. Hast du auch einen Tipp, wie man leichter reich wird?

A: Klar. Es geht auch viel leichter. Das weiß ich jetzt auch. Aber damals habe ich nur diesen einen Weg gesehen.

F: Erzähl uns doch erst einmal, wie du es geschafft hast. Dann verstehen wir deine Strategie und wenn du uns anschließend noch dein Geheimnis verrätst, wie man seinen Reichtum behält, dann sind wir alle glücklich.

A: Gerne. Es müssen ja nicht alle die Fehler machen, die ich gemacht habe.

F: Du bist in vier Monaten von null auf eine Million gekommen und hast dabei noch Fehler gemacht?

A: Sicher. Wenn ich alles von Anfang an richtig gemacht hätte, hätte ich die Million in einer Woche gemacht.

F: Also, spanne unsere Leser nicht weiter auf die Folter. Du hattest tatsächlich nichts?

A: Weniger als nichts. Ich hatte keinen Job, keine vernünftige Ausbildung, einen ziemlichen Berg an Schulden und absolut keine Perspektive. Das einzige, was ich hatte, war mein Computer, eine Menge Videospiele und Kumpels.

F: Deine Freunde spielen eine wichtige Rolle bei deinem Projekt.

A: Ohne sie wäre es nicht möglich gewesen. Ich habe von Bitcoin recht spät erfahren. Obwohl ich dauernd im Internet unterwegs war, habe ich mich nie für Politik, Wirtschaft und Zeitgeschehen interessiert. Ich war auch nie ein Computerfreak.

F: Du hast also nur vor dem Bildschirm gesessen und online Spiele gespielt.

A: Das war meine Hauptbeschäftigung. Als ich dann zufällig von Bitcoin gelesen habe, war mit sofort klar, dass man damit reich werden muss.

F: Muss?

A: Ja. Wer das Prinzip von Bitcoin nur im Ansatz versteht, kann damit nur reich werden. Wenn! Wenn er auch aktiv wird.

F: Das war dein großes Problem.

A: Klar. Ich hab mein Leben lang nur rumgehangen, nie etwas Vernünftiges gemacht und keine Erfahrung im Umgang mit Geld. Wie gesagt, ich hatte auch kein Geld. Nur Schulden und etwas Stütze, die noch nicht mal fürs Nötigste reicht. Ich hatte also überhaupt kein Anfangskapital, mit dem ich auch nur irgendetwas hätte beginnen können.

F: Da kamen dann deine Freunde ins Spiel?

A: Die kamen nicht. Es war eine irre Arbeit, sie zu überzeugen, ihr Geld rauszurücken.

F: Du hast also deine Freunde angepumpt.

A: Ich hatte bei allen schon Schulden. Deshalb war es auch so schwer. Alle wussten, dass ich meine Versprechen, was die Rückzahlung betrifft, nie einhalte. Meine großen Beteuerungen, dass ich jetzt endlich etwas mache, womit ich Geld verdiene und meine Schulden bezahle, hatten alle schon sooooooooooo oft gehört. Und es ist nie etwas daraus geworden. Alles nur heiße Luft.
Da war es wirklich nicht einfach, noch mal Geld aus ihnen rauszuleiern.

F: Aber du hast es geschafft.

A: Viel zu wenig. Wenn ich härter und entschlossener an die Sache rangegangen wäre, hätte ich mir eine Million zusammengeliehen. Die hätte ich in Bitcoins angelegt, zwei Wochen gewartet und die Coins dann für zwei Millionen verkauft.
Eine Million hätte ich zurückgezahlt und eine behalten. Es wäre etwas weniger gewesen, weil ich noch Zinsen bezahlt hätte und einen Teil in das Sicherungsprogramm bei Bitcoin Life gesteckt hätte.
Es war mein größter Fehler, dass ich es nicht gleich so gemacht habe.

F: Na ja. Wer bekommt denn schon eine Million auf Kredit?

A: Das klingt viel. Aber wenn man zwanzig Leute kennt, die jeder 50 Tausend rausrücken, dann hat man eine Million zusammen. Und viele können 50 Tausend aufbringen. Manche pumpen dafür ihre Eltern an oder nehmen eine Hypothek auf. Ich denke, dass man das machen kann, wenn man wirklich überzeugt ist. Ich war damals zu schlapp und habe keine zwanzigtausend zusammengekriegt.

F: Das ist doch viel Geld.

A: Damit musste ich auskommen. Für mehr hat meine Überzeugungskraft nicht ausgereicht. Heute ist es kein Problem. Da kommen sogar Leute, die ich nicht kenne, zu mir und bieten mir Geld an, damit ich es ihnen vermehre. Aber das mache ich nicht. Ich habe keine Lust mehr. Ich habe einen Teil in Geld umgewandelt und die restlichen Coins gut angelegt. Für den Rest meines Lebens bekomme ich nun jedes Jahr eine fette Auszahlung.

F: Erzähle, was du mit dem geliehenen Geld gemacht hast.

A: Ich habe Bitcoins gekauft, was gar nicht so einfach war. Man kann nämlich nicht in die Bank oder in einen Laden gehen und sagen: "Für zwanzigtausend Euro Bitcoins bitte. Zum Mitnehmen."
Das war vor Monaten. Heute ist natürlich schon alles viel einfacher. Man macht sich gar keine Vorstellung davon, wie es damals war.

F: Damals heißt vor einem halben Jahr.

A: Richtig. Bitcoin ist schnell. Da darf man nicht zögern. Jeder Tag warten kostet. Wenn der Bitcoin heute 1000 Dollar kostet, bekommst du für 10.000 Dollar zehn Coins. Steigt der Kurs nur um 10 % Prozent, was innerhalb von einer Stunde geschehen kann, dann bekommst du nur noch neun Coins für das selbe Geld.
Steigt der Kurs dann auf 10.000, hast du in dieser einen Stunde, die du vertrödelt hast, ganze 10.000 Euro verloren. Denn das ist genau der Wert des einen Coins, den du nun weniger hast. Steigt der Kurs auf 100.000 oder eine oder 10 Millionen, dann hat dich diese eine Stunde 10 Millionen gekostet.

F: Du meinst doch nicht ernsthaft, dass der Kurs auf 10 Millionen steigt?

A: Bitcoin ist irrational. Der Bitcoin hat keinen wirklichen Wert, weshalb er zu jedem Preis gehandelt werden kann. Das hatte ich damals sofort verstanden. Und es war die größte Hürde, meinen Geldgebern diesen einen Punkt klarzumachen.

F: Das ist das Hauptargument der Bitcoin-Gegner.

A: Es wird viel Mist über den Bitcoin erzählt und geschrieben. Ich erkenne zwei Hauptstärken im Bitcoin, wenn es darum geht, Geld zu machen: Erstens hat der Bitcoin keinen inneren Wert. Gold hingegen ist ein Material, von dem es nur eine bestimmte Menge gibt. Aus Gold kann man auch Dinge herstellen.

Kabelstecker werden mit Gold überzogen, Rettungsfolien werden aus Gold gemacht, Schmuck und viele andere Dinge. Gold ist es etwas.

Geld ist auch etwas. Es repräsentiert die Wirtschaftskraft einer Nation oder eines Staatenbundes, wie es beim Euro der Fall ist.

Aber der Bitcoin ist nichts. Man kann für Bitcoins nicht wirklich etwas kaufen. Gut, es gibt ein paar Online-Shops, und im Internet wird das Haschisch mit Bitcoins bezahlt. Aber das sind Randerscheinungen, die für die Kraft des Bitcoins nicht von Bedeutung sind.

Der Bitcoin wird immer wertvoller. Darum werden die Leute immer versuchen, mit Geld zu bezahlen und ihre Bitcoins zu behalten.

Zweitens: Der Kurs des Bitcoins schwankt unglaublich stark. Es geht zwar insgesamt nach oben, aber manchmal bricht der Kurs massiv ein.

F: Dann platzt die Blase.

A: Soweit sind wir noch lange nicht. Aber wenn das passiert, werde ich mich nochmal zusammenraffen und wieder ein paar Monate arbeiten und dann superreich werden.

F: Da sind wir doch wieder beim Thema. Wie bist zu deiner ersten Million gekommen?

A: Ganz einfach. Weil der Bitcoin-Kurs schwankt, brauche ich immer nur Coins zu kaufen, wenn der Kurs gerade mal runtergegangen ist. Warten, bis der Kurs wieder über meinem Einkaufspreis liegt und verkaufen.

F: So einfach?

A: Ja. Anfangs hatte ich sehr komplizierte Überlegungen. Ich wollte die Unterschiede zwischen den einzelnen Börsen ausnutzen. Zeitweise habe ich auch Coins in der realen Welt und über die große deutsche Handelsplattform gekauft.

Aber das ist so umständlich und langsam, dass es für meine Zwecke unbrauchbar ist.

Mittlerweile gibt es gute Systeme, mit denen man in Echtzeit kaufen und verkaufen kann.

F: Aber es gibt auch viele schwarze Schafe.

A: Oh ja! Wer nicht aufpasst, ist alles im Nu los. Da werden Börsen gehackt, oder es wird behauptet, dass sie gehackt worden sind. Manche Seiten

verschwinden auch kommentarlos vom Netz und mit ihnen Tausende von Bitcoins.
Wer da gutgläubig ist, verliert.

F: Aber selbst für die Unerfahrenen hast du uns ja noch eine Strategie versprochen. Doch zuerst: Wie ging es dann weiter?

A: Ich habe Coins gekauft und dann fiel der Kurs ins Bodenlose. Ich war völlig perplex. Es war doch immer die Rede davon, dass der Kurs nur steigen kann, weil Bitcoin eine deflationäre Währung ist.
Aber die Details der Wirklichkeit hatten mich voll erwischt. Ich war zu einem Preis von 250 Dollar eingestiegen und nachdem ich vom Klo zurückgekommen bin, war mein Bildschirm voll mit roten Kursbalken. Rechts oben stand der aktuelle Kurs: 173 Dollar.
Ich war mit genau 100 Coins investiert und hatte am ersten Tag 7700 Dollar verloren!

F: Wie bist du damit umgegangen?

A: Mir war übel. Meine Freunde, von denen ich das Geld hatte, riefen sofort an. Sie wollten, dass ich sofort alles verkaufe, was noch da ist und ihnen das Geld zurückgebe.

F: Das hast du aber nicht getan.

A: Es kam ja noch viel schlimmer. Während ich bei jedem Telefonat versucht habe, sie zu beschwichtigen und ihnen zu erklären, dass man jetzt nachkaufen muss, weil man nie wieder so billig an Bitcoins kommt, stürzte der Kurs noch weiter ab.
Ich hatte nur damit zu tun, die Telefonate kurz halten, als sich gleichzeitig vor meiner Tür ein Menschenauflauf bildete. Einige wollten sich nicht am Telefon abwimmeln lassen oder nur ein Besetztzeichen hören. Die Jungs haben im Hausflur eine ziemliche Randale veranstaltet, so dass die Nachbarn die Polizei gerufen haben.

F: Wie bist du sie losgeworden?

A: Die Polizei war meine Rettung. Wären die Grünen nicht gekommen, hätten die Burschen meine Wohnung leergeräumt. Einer wollte meinen Computer mitnehmen, wenn ich ihm nicht auf der Stelle sein Geld zurückgebe. Aber das konnte ich ja nicht. Der Kurs fiel immer weiter. Innerhalb von einer Woche bis auf unter 70.

Das war ein Verlust von knapp 20.000 Dollar. Ein beschis...ner Einstieg. Total besch...sen deshalb, weil ich keinen Cent mehr hatte, um nachzukaufen.
So musste ich mich nun mühsam wieder hocharbeiten.

F: Was hättest du besser machen können?

A: Ich hatte den klassischen Riesenfehler gemacht. Ich bin gleich zu Anfang von meiner Strategie abgewichen.
Mein Plan war richtig, aber ich hatte ihn nicht ausgeführt: Nach einem Kursrückgang kaufen und verkaufen, wenn der Kurs gestiegen ist.
So hatte ich es mir vorgenommen. Was habe ich stattdessen getan? Gekauft, als der Kurs voll im Anstieg war. Hätte ich gewartet und wäre erst eingestiegen, als der Kurs gefallen war, hätte ich mich über den Kursrückgang gefreut.

F: Man weiß doch aber nicht, ob der Kurs nicht noch weiter fällt.

A: Beim Bitcoin macht das nichts. Denn selbst wenn der Kurs fällt, braucht man nur zu warten, bis er wieder nach oben gegangen ist. In meinem Fall hätte das ein halbes Jahr gedauert. An sich nicht schlimm, aber mit geliehenem Geld und vielen großspurigen Ankündigungen ...

F: Du musstest also den Verlust schneller wettmachen.

A: Das habe ich dann auch getan. Der Fehler ist mir danach nie wieder unterlaufen. Ich habe mit eiserner Disziplin deutliche Kursrückgänge abgewartet, um zu kaufen und verkauft, wenn der Kurs wieder so weit gestiegen war, dass ich mein Gewinnziel erreicht hatte.

F: Welches Ziel hattest du?

A: Anfangs bin ich mit drei Prozent eingestiegen. Wenn der Kurs also mal wieder ein wenig gefallen war, zum Beispiel auf 100 Dollar, habe ich gekauft. Konnte ich zu 103 Dollar verkaufen, habe ich es getan.
Es war hart, besonders wenn der Kurs dann auf 120 hochgeschossen ist und dann auf 110 nachgegeben hat und ich bei 110 eingestiegen bin, wo ich doch vorher bei 103 verkauft hatte.
Alles in mir hat rebelliert, und ich habe mich manchmal selbst für verrückt erklärt, dass ich nicht einfach nur gewartet habe.

F: Warum hast du dennoch an deiner Strategie festgehalten?

A: Erstens war ich heftig im Minus. Schließlich musste ich nach dem anfänglichen Kursverfall sehr ungünstig verkaufen, um wieder Geld zum Handeln zu haben, zweitens war meine Überlegung, dass ich bei einer Verzehnfachung des Kurses eine Verzehnfachung meines Kapitals erzielen würde.
Wenn ich aber hundertmal einen Gewinn von 3 Prozent einstreiche, dann hätte ich fast eine Verzwanzigfachung, also das Doppelte einer Verzehnfachung.

F: Das ist dir gelungen?

A: Nein, oft konnte ich nicht schnell genug verkaufen. Ich wollte mit 3 Prozent Gewinn wieder raus, aber der Kurs war schon um 10 Prozent hochgegangen. Ich hatte mir zwar fast zwanzigtausend Euro geliehen, aber ich konnte nach dem Anfangsverlust nur mit 7.000 Dollar handeln. Das waren gerade mal 5.000 Euro. Nach vierzig Handelsbewegungen, bei denen ich durchschnittlich 6 Prozent realisiert habe, hatte ich aus den 5.000 Euro satte 50.000 gemacht.

F: Wie lange hast du dafür gebraucht?

A: 17 Tage. Ich habe meinen Freunden ihr Geld und noch die Hälfte an Gewinnbeteiligung ausgezahlt. Da waren 30.000 weg. Mit 10.000 Euro habe ich meine Schulden bezahlt, und mit den übrigen 10.000 konnte ich weiter handeln. Heute würde ich sagen, dass das eine blödsinnige Aktion war. Ich hätte mit allem investiert bleiben sollen, was mir irgendwie zur Verfügung stand. Aber damals habe ich mich so besser gefühlt.

F: Es ist doch aber auch viel entspannter, ohne jedes Risiko weitermachen zu können.

A: Ich bereue auch nicht, dass ich es so gemacht habe. Wenn jetzt noch etwas schief gegangen wäre, dann war ich wenigstens meine Schulden los und meine Kumpels waren auch wieder gut mit mir.
So musste ich einige Wochen länger arbeiten. Das habe ich dann auch getan. Nach einer Woche hatte ich aus meinen nun 10.000 Euro zwanzigtausend gemacht. Die Hälfte habe ich als meinen Verdienst rausgenommen und dann wieder mit 10.000 weitergemacht.
Die habe ich dann hochgepumpt, bis ich eine Million Euro zusammenhatte.

F: Das ging auch ganz reibungslos?

A: Nein. Ich hatte immer wieder Rückschläge, wenn ich unkonzentriert oder übermütig war. Ich habe einige Fehlentscheidungen getroffen. Sie haben mich

Zeit gekostet, weil ich die Verluste oder entgangenen Gewinne wieder aufholen musste.

Ich habe auch gelernt, dass man den Computer nie verlassen darf, wenn man investiert ist. Denn wenn der Kurs dann eine heftige Bewegung in die falsche Richtung macht, kommt man ganz schön ins Schwitzen.

Einmal jedoch bin ich nur mal kurz einkaufen gegangen, und als ich zurückkam, war der Kurs um 25 Prozent nach oben gesprungen. Das war ausnahmsweise mal ein "Fehler" im richtigen Moment.

Leider wird es immer schwieriger, zu verkaufen, wenn man größere Mengen an Bitcoins bewegen will. Der Markt ist ziemlich eng. Das hat mich auch viel Geld und Nerven gekostet.

F: Schließlich ist aber alles gut ausgegangen.

A: Ich bin tatsächlich Millionär.

F: Und du hast jetzt alle Bitcoins verkauft?

A: Wie bescheuert kann ich sein! Ich bin von Natur aus ein vorsichtiger Mensch. Ich zweifle viel und ich liebe das Gefühl von Sicherheit.
Andererseits fange ich gerade an, die Vorzüge des Wohlstands wertzuschätzen.

F: Und ein wenig Gier?

A: Nein. Gierig bin ich gar nicht. Was nicht heißt, dass ich unnötig verzichte.

F: Was hast du mit deinem erworbenen Reichtum gemacht, und was wirst du noch tun? Handelst du weiter in Bitcoins?

A: Im Moment handele ich nicht, obwohl gerade eine extrem gute Zeit dazu wäre. Aber es ist mir zu stressig.
Ich habe einen Teil der Coins in Geld umgetauscht. Und den Rest teile ich auf: Ein Teil geht in Bitcoin Life, und einige Coins lasse ich in meiner Wallet, und jedesmal wenn eine bestimmte Kursmarke überschritten ist, verkaufe ich aus meiner Wallet Coins gegen Geld.

F: Wie muss man das verstehen?

A: Nehmen wir an, dass der Kurs bei 1.000 steht und ich noch 500 Coins habe. Dann ist das eine halbe Million. Steigt der Kurs nun auf 2.000 dann habe ich eine ganze Million. Wenn ich 250 Coins verkaufe, habe ich eine halbe Million in Geld und immer noch eine halbe Million in Coins. Wenn ich jedesmal die

Hälfte verkaufe, nachdem sich der Kurs verdoppelt hat, bleibt mein Vermögen in Coins immer gleich und ich habe immer laufendes Einkommen in Geld.

F: Du nimmst also immer die Hälfte raus, wenn der Kurs sich verdoppelt hat?

A: Selbstverständlich nicht. Das war nur ein Beispiel. Ich habe für mich eine geschicktere Aufteilung gefunden, über die ich aber nicht sprechen möchte. Das soll jeder für sich selbst entscheiden. Es ging nur darum, das Prinzip zu erklären.

F: Du setzt also auch langfristig auf Bitcoins.

A: Ja klar. Und da die deutsche Bitcoin Community neuerdings eine hervorragende Möglichkeit entwickelt hat, wie man Bitcoins parken kann und dabei deutlich mehr rauskriegt, als wenn man sie nur in seiner Wallet lässt, transferiere ich jedes Jahr einen großen Teil meiner Coins zu Bitcoin Life (www.bitcoin-life.com).

F: Da musst du aber zwölf Jahre warten, bis du wieder darüber verfügen kannst.

A: Ja. Da komme ich nicht in die Versuchung, nervös zu werden, wenn der Kurs mal massiv nachgeben sollte. Und wenn ich jedes Jahr Beiträge leiste, bekomme ich auch jedes Jahr Ausschüttungen. Ich werde mich auch in zwölf Jahren noch freuen, wenn ich Coins bekomme. Und in diesem System bekommt man viel mehr Coins raus, als man eingezahlt hat. Und zwar sicher, ohne jede Spekulation, risikofrei und Nerven schonend.

F: Wobei es kein Schneeballsystem ist.

A: Nein. Das ist ein völlig seriöses Modell, das von absoluten Profis und Bitcoinspezialisten aufgebaut und betrieben wird. Transparent und lukrativ.

F: Was würdest du denen empfehlen, die nicht die Mühen des Handels und des Surfens auf den Kurswellen auf sich nehmen wollen.

A: Da gibt es nur eines: Bitcoins kaufen. Ein Viertel in der eigenen Wallet liegen lassen, falls man mal kurzfristig an Geld rankommen muss. Die Hälfte in Bitcoin Life und das letzte Viertel stehen lassen, um nach und nach zu verkaufen. Vielleicht ist es gut, wenn man jedesmal wenn der Kurs um 25 Prozent steigt, zehn Prozent rausnimmt. Solange man das Geld nicht braucht, würde ich diese gewonnenen Coins in Bitcoin Life einzahlen.

F: Und wer sich überhaupt nicht mit Bitcoins befassen will?

A: Aber trotzdem damit verdienen will? Da muss man vorsichtig sein. Denn es gibt viele unseriöse Angebote. Da gibt es Bitcoin-Sparpläne und Fonds und alle möglichen spekulativen Angebote. Die meisten sind entweder plumper Betrug oder stümperhafte Versuche von Dilettanten. Da ich das Volkskassen-Prinzip für unschlagbar halte, wenn es um anlagefreie Investitionen geht, würde ich mir einen seriösen Makler suchen, der alles für mich erledigt. Das kostet zwar etwas wie z. B. bei www.hufeisen-gmbh.de/bitcoin aber dafür hat man keine Arbeit. Man füllt das Formular aus, schickt es an den Makler und braucht weder Bitcoins zu kaufen, noch sich um sonst etwas zu kümmern. Man kann sogar seine Mitgliedschaft beleihen oder verkaufen, wenn man dringend Geld braucht. Und 3.000 Euro Einstiegsinvestition sind auch keine gewaltige Hürde.

F: Zahlt sich die Arbeitsersparnis aus?

A: Ich denke schon. Schließlich hat man nun erstmals die Möglichkeit, sowohl Rendite als auch Sicherheit und zusätzlich Liquidität zu bekommen. Das hat man früher für unmöglich gehalten. Der Bitcoin ist genial, wenn man weiß, wie man damit umgehen muss.

F: Wie hoch wird der Kurs noch steigen?

A: Der Kurs geht unendlich hoch. Man muss nur lange genug warten. Und wenn er zwischendurch mal fällt, muss man auch nur warten. Der Kurs steigt schon wieder.

F: Wann erreicht der Kurs die Million?

A: Der Kurs ist von 1 Dollar auf 1000 Dollar innerhalb von circa zwei Jahren gestiegen. Geht das so weiter, dann ist ein Bitcoin vor Weihnachten 2015 eine Million Dollar wert. Das halte ich zwar für denkbar, doch vermutlich wird es länger dauern, weil viele vorher die Nerven verlieren werden und viel zu billig abstoßen.
Sie werden sich ärgern, weil sie ihre Coins nicht behalten haben, bis der Kurs ein paar Jahre später bei 10 Millionen steht. Es gibt keine Grenze nach oben.

Der Pastor

Ist Bitcoin das Böse? Oder ein Geschenk des Himmels?

Lukas ist Prediger und Gemeindeältester in einer Freikirche. Ein weiser und freundlicher, alter Mann, der nicht im geringsten Verdacht steht, ein "Diener des Materialismus" zu sein.
Er ist nicht mit Bitcoin Millionär geworden und wird es wohl auch niemals sein, da er seinen Besitz und sein Vermögen immer der Gemeinschaft und dem Wohl seiner Mitmenschen zur Verfügung gestellt hat.
Ich habe das Interview, das mich persönlich sehr bewegt hat, trotzdem in dieses Buch aufgenommen, damit wir bei aller Freude über den neuen Reichtum, nicht die Dinge aus dem Auge verlieren, die nicht kommen und gehen.

F: Wie ist die Bitcoin-Bewegung theologisch zu bewerten?

A: Gott hat dem Staat die Verantwortung gegeben, für das Wohlergehen aller Menschen zu sorgen.

F: Sie lehnen also den Bitcoin, als verwaltungsfreies Finanzinstrument, ab.

A: Nachfolger Christi respektieren die Regierung und beten für sie. Aber sie widerstehen der Versuchung, dem Staat eine Ehrerbietung zu geben, die allein Gott gehört. Die uneingeschränkte Loyalität aller Christen gilt Christi Königreich und seiner globalen Gemeinde.

F: Ist das eine ausweichende Antwort? Welches Instrument ist aus Ihrer Sicht für einen gläubigen Menschen das bessere: Geld oder Bitcoin?

A: Es ist die Frage, wie jeder Einzelne damit umgeht. Wer das Geld in den Mittelpunkt seines Lebens stellt, begeht sicherlich einen großen Fehler. Ebenso halte ich es für einen Irrtum, den Bitcoin zu einer neuen Religion zu erheben.

Aber da viele Menschen große Bereiche ihres Lebens der staatlichen Obhut überlassen, kommt die Bitcoin-Philosophie dem christlichen Verständnis näher, da der Bitcoin nicht von weltlichen Führern kontrolliert wird. Bitcoin ist ein Gemeindeprojekt, im Gegensatz zu Geld.

F: Ein Projekt der Weltgemeinde.

A: Sicher. Doch nicht alle Mitglieder dieser Weltgemeinde haben schon auf den rechten Weg gefunden. Wir werden sehen, wie sie mit dem Phänomen Bitcoin umgehen.

F: In vielen Gemeinden wird darüber diskutiert, ob der Bitcoin ein Zeichen für das Anbrechen einer neuen - einer guten - Zeit oder eine Versuchung böser Mächte ist.

A: Wir beten in dieser Frage um Erleuchtung und darum, dass die Menschen unter Gottes Führung weise mit diesem Werkzeug umgehen.

F: Was sagt denn die Bibel zum Bitcoin?

A: In der Bibel steht umfassend und endgültig alles, was wir Menschen wissen müssen. Allerdings kann man aus der Heiligen Schrift nicht nur Dinge herauslesen, sondern es besteht immer die Gefahr, dass man auch Dinge hineininterpretiert.
Deshalb ist es sehr ratsam, vor dem Lesen zu beten und um Einsicht und Erkenntnis zu bitten.

F: Aber gerade unter denen, die sich ernsthaft dem Studium der Schrift widmen, gibt es doch große Aufregung um Bitcoin.

A: Ich persönlich war in meiner Jugend ein aggressiver Missionar. Die Jahre haben mir etwas mehr Gelassenheit gegeben. Ich verstehe aber sehr gut, dass so mancher im Erscheinen des Bitcoins Dinge erkennt, die in der Bibel klar beschrieben sind.
Es lässt sich nun einmal nicht leugnen, dass der Erfinder von Bitcoin ein gewisser Satoshi Nakamoto ist.
Bitcoin ist eine Computer-Währung, und jeder, der sich mit Computern auskennt, weiß, dass jedem Buchstaben eine Zahl zugeordnet ist. Man nennt dies den ASCII-Code.
Ein A hat die Zahl 65, ein B die 66 und so weiter. Vor dem ersten Buchstaben im Alphabet steht das @-Zeichen, das die Zahl 64 hat. Das letzte ASCII-Zeichen ist das Löschzeichen (DEL) mit dem Wert 127.

@, die 64, steht also für den Anfang und 127 für das Ende. Der Herr sagt: ich bin das Alpha und das Omega, der Anfang und das Ende. In moderner Computersprache sind der Anfang und das Ende 64 und 127.

Sowohl @SATOSHI als auch NAKAMOTO(DEL) ergeben im ASCII-Code die Summe 666. Und wir alle wissen, was das bedeutet!

Nur ist offensichtlich noch nicht die Zeit gekommen, dass wir diese Tatsache vollständig begreifen.

F: Heißt es, dass sich mit dem Auftreten @SATOSHI der Antichrist ankündigt und mit der Auslöschung des Bitcoins NAKAMOTO(DEL) der Widersacher auftritt?

A: So steht es seit Tausenden von Jahren geschrieben.

F: Sie meinen doch nicht, dass ein Verbot des Bitcoins dem Antichristen das Tor in diese Welt öffnet?

A: Rechnen Sie es selbst nach. Es ist so, und die Bibel ist in diesem Punkt klar und unzweideutig:

> *... und dass niemand kaufen oder verkaufen kann, wenn er nicht das Zeichen hat, nämlich den Namen des Tieres oder die Zahl seines Namens ...*

F: Bitcoins sind nichts anderes als Zahlen ...

A: ... und man muss das Zeichen an seine Hand nehmen. Vielleicht ist das Bild des Tieres der QR-Code, der eingescannt wird, wenn man mit Bitcoins bezahlt. Wie sollte es der Heilige Johannes zu seiner Zeit anders beschreiben?

F: Ich bin jetzt verwirrt. Ist Bitcoin nun selbst der Antichrist oder sein Werkzeug oder ist Bitcoin gerade das, was den Antichristen bannt?

A: Ich fürchte, das kann Ihnen niemand sagen. Aber es besteht kein Zweifel daran, dass wir in der Endzeit leben und der Bitcoin ein großes Zeichen ist.

F: Sind Sie persönlich dafür, dass der Bitcoin verboten oder von staatlichen Stellen kontrolliert wird?

A: Auf gar keinen Fall darf das geschehen. Es wäre ein nicht wieder gut zu machender Fehler.

Man kann den Bitcoin nicht verbieten oder regulieren. Bitcoin ist reine Mathematik. Wenn die weltlichen Regierungen versuchen, den Bitcoin unter Kontrolle zu bringen, lösen sie damit großes Unheil aus.

F: Weil dann der Antichrist erscheint und die Welt untergeht?

A: Das wird sowieso geschehen. Auch Könige und Präsidenten sind nur Werkzeuge in der Hand des Allmächtigen.

F: Vielleicht ist es besser, dieses Thema nicht zu vertiefen.

A: Jeder muss sich selbst von Gott finden lassen und das Angebot der Versöhnung annehmen.

F: Haben Sie Bitcoins?

A: Selbstverständlich. Ich bin ein moderner und gläubiger Mensch. Durch Bitcoin kann die Prophezeiung wahr werden, dass das Unterste zu oberst gekehrt wird und die Letzten die Ersten sein werden.

F: Weil die Armen reich werden?

A: Ich denke da an die vielen Menschen, die nun für wenige tausend Dollar einen oder mehrere Bitcoins kaufen können. In ein paar Jahren werden sie reicher als die reichsten und erfolgreichsten Kaufleute sein.

F: Wenn sie ihre Bitcoins nicht zu früh wieder verkaufen.

A: Nur wer in wirklich großer Not ist, trennt sich von seinen Bitcoins. Oder wer damit Gutes tun will.

F: Zu welchem Preis würden Sie verkaufen?

A: Ich warte die Entwicklung ab. Vielleicht bei einem Preis von fünf Millionen Dollar pro Bitcoin. Oder wenn ich einem Menschen in Not helfen kann. Dann verkaufe ich natürlich zu jedem Preis.

F: Kann man Ihrer Gemeinde seine Bitcoins spenden?

A: Wer sich selbst nicht mit dem täglichen, ängstlichen Blick auf das Auf und Ab der Kurse an den Bitcoin-Börsen belasten will, ist herzlich eingeladen, seine Coins in unsere Hände zu geben. Wir können dann mehr und besser Menschen helfen, ihren Frieden zu finden und ein glückliches und erfülltes Leben zu führen.

F: Ohne Gier und Sorge?

A: Davon ist nur belastet, wer sein Herz und Gemüt auf die falschen Werte ausrichtet.

F: Vielen Dank, Vater. Ich habe viele Interviews geführt und jedem diese letzte Frage gestellt. Ihnen möchte ich die Frage als vorletzte stellen:
Wann wird der Bitcoin eine Million Dollar wert sein?

A: Das weiß Gott. Und auch wir werden es vermutlich schon recht bald wissen. Was ist die letzte Frage?

F: Vielen Dank, dass Sie mich an das Wesentliche erinnert haben. An welche Adresse darf ich Ihnen meine Bitcoins schicken?

A: Gott segne Sie!

14i1sYU9pPD94jYmZDJz1wY8HVhWGoMiB9

Das Bild des Tieres der Apokalypse?
Oder Werkzeug, um Gutes zu tun?

Anleitungen

Auf den folgenden Seiten finden Sie einige Anleitungen, die Ihren Spaß und Nutzen mit Bitcoins erhöhen können.
Manche dieser Informationen können Sie übrigens auch außerhalb der Bitcoin-Welt verwenden. Machen Sie das Beste daraus!

Bitcoin-Kurs-Bingo

Wenn Sie, lieber Leser selbst eine Meinung dazu haben, wann der Bitcoin erstmals ein bestimmtes Kursziel erreicht, dann machen Sie doch beim Bitcoin Bingo mit. Es funktioniert ganz einfach.
Zu jedem Kursziel gibt es für die einzelnen Termine eine Bitcoin-Adresse. An diese Adresse schicken Sie Bitcoins. Wenn Sie also meinen, dass der Bitcoin im Juli 2015 die 10.000 Dollar Marke erreicht, dann schicken Sie einen beliebigen Betrag an die entsprechende Adresse, in diesem Fall also an 1CRKVu8h2EfvUswkpVS7hetDB8p3g35j9w
Die Einzahlungen der falschen Vorhersagen werden anteilig an die richtigen Tipps aufgeteilt. Das heißt, dass Sie viele Bitcoins bekommen, wenn Sie richtig getippt haben und nichts, wenn Sie falsch tippen. Je mehr Sie einsetzen, desto mehr können Sie gewinnen. Außerdem werden früher eingezahlte Tipps besser bewertet als spätere. Die Gewichtung erfolgt logarithmisch, also absolut gerecht. Tippen Sie also so früh wie möglich. Sie können auch auf mehrere Ergebnisse setzen.
Die Gewinne werden an die selbe Bitcoinadresse ausgezahlt, von der aus Sie den Einsatz geleistet haben. Verlieren Sie Ihre Wallet also nicht. Selbst eine leere Wallet kann ein Vermögen wert sein.
Es gelten die Kurse von mtgox (oder falls es mtgox später nicht mehr gibt, der dann maßgeblichen Börse). Das Datum ist UTC, Greenwich-Zeit.
Überflüssig zu sagen, dass Sie natürlich nicht mitspielen dürfen, wenn Sie in einem Land leben, dessen Regierung meint, ihren Bürgern solche Spiele zu verbieten. Aber Bitcoin ist nunmal nicht verbietbar, und niemand weiß, wer die Gewinner sind. Wenn Sie dieses Buch gelesen haben, wissen Sie auch, wie Sie unerkannt bleiben. Das ändert natürlich nichts daran, dass Sie auf keinen Fall etwas Verbotenes tun dürfen.
Der Veranstalter soll übrigens Satoshi Nakamoto persönlich sein. Aber so genau weiß das natürlich keiner.

2000 Dollar

Dezember 2013	18JzeDi2rS8qbhweCZmNNpb5Q4y57WWoCy
Januar 2014	1FqJAZvwdNVdb3vzyNhs3tRZwXkLyfdsPs
Februar 2014	16CMTz1jVEDr1JVtep2azcczihkBgLK9CJ
März 2014	1BvFv1TTzcxBz2LvkQZrMzFAtDjsjMskL7
April 2014	1LjkEurBVX6G9dGMTjxjLDstSKUVd3Qd1i
Mai 2014	12EYFzPVfA61hBfRKXzKX2AUh47zkhKu72
Juni 2014	1JB8yaaFdTD2k89hhGKVrRtM8gpDtmJgAp
Juli 2014	1K65cpJgwWNDCeZcenrXsK3Axq2cr35pSB
August 2014	147CPJr6w4c8uk5xpSKZ17DVinWW5VmavW
September 2014	1FuMHjueQqp6Lg2ZCNHqXwJurTyWPsMXSi
Oktober 2014	1KLRLp4Tg4JjLbX4keZHVWxop2iwhkPMeD
November 2014	16KRVH65doYgDEyub8SYWomMaABTQrN7QJ
Dezember 2014	18kK8P4yYB6uugL1YyBG9aqfWDDDmHf6AJ
Januar 2015	1Kg4FDwwiJpigHEat8CCuqkMYgdcA3c67T
Februar 2015	1CgdyY8cuQ9TAWiBjHFyQxEYZs4cSXb1sQ
März 2015	1B5j1uJHJWCUaFr4VpcS1j44quNZDkDuCn
April 2015	18WeZLYxGUwvfnfUqPntYLJwSbzkhW9PHt
Mai 2015	1Bbs2yZrYk94uPHGiqKLYd1agtK9XYoPx9
Juni 2015	1EohNLT9kWGipb9UKGvpgof3NKsraCmtdd
Juli 2015	1FvwH2APV1RhhvsUgaLcaEFPCAy4fpahRs
August 2015	15wtSwMhpRaNup7dAfjoxrvScXd4uniJPF
September 2015	13t9tuEGFNyAY8dv3itFXAAXu5foKFfY43
Oktober 2015	12SR5CAXC4PyZGtW4XURcfEAVrCiAhBGup
November 2015	14sYufo873AoVyRVS3XjVGPNMhrGaLifGY
Dezember 2015	1LB8Qx3RgsjrpAo2WqBqCMBYx82PN9DDeS
Januar 2016	1vA3iKsmXKYnbwsJSiyYyrxnqdSJVWm7A
Februar 2016	19eGt8mxrFKPTYNz2QxnwBuTBHWWt4draW
März 2016	1HPE51Kfw+A1:B28eTTVroi6RYSgottAftjAg51P7
April 2016	1AF9noZKD5SuRF4m29jnt8ngTru571WUsV
Mai 2016	15niS6gAT9tJd6YDZv1Zvtq3WDgeyPM95g
Juni 2016	1BiXiQoCRWJ1e5Lp9Tnx1UtcPpmta2eLL8
Juli 2016	18djZXrEDmjg4VMveFuJroZLaTryZEW5r9
August 2016	1sRh6NA1eZHWVxQYbtS5aGQZ1UkNtZiJV
September 2016	14cjfmbTbMQonaj95CjY9nnLQHLFUqDyRd
Oktober 2016	1AihEhcqZzKizS8b6eEr9Q6SW85aUuqmEC
November 2016	19tTiqvcWKMtYWFnRcnwkaeMmdr41ZQSkM
Dezember 2016	1851jGbdu6aeSpATE1EvrYcXSR3pZspRUz
Januar 2017	1GjHN7QExWcwL8KgjKFDrsssM18AHgy79D
Februar 2017	127wJzy3RHjZcyegPDkfeijbYVThV1JzNz
März 2017	1N8a2AcZ3NYbLmUbLdoCvJAoEfuQavYHJi

5000 Dollar

Dezember 2013	1LDJAYyyW6Et91V5QCKspepyyoQocYzDqi
Januar 2014	1Mbz9225cG1DxzkZ9dHiq3SQtyey2XVdP
Februar 2014	1JwPGDehUE3Lis6gknD4K1eR3MfPioFppT
März 2014	1CtR69nSfh5wxVvKLbM5AxjYFhZBXhQfYF
April 2014	14TbYj57yBC9jfo4Fx3w9Df4f5459R16CZ
Mai 2014	1PuhayuksduaN6VHqsffzVvR9zQRJqHkaL
Juni 2014	1Q15DgXibnz5AnbG3w1sTycM47nit8dZCi
Juli 2014	13eNV4gSvmTzPLLawZgJ2xAwi2gbHTVa1G
August 2014	17dXny55knFZp4afR5tAwyR2cnBuRauqz7
September 2014	1NF6cfg7A9HW7yRiGWALwPS3WKa7mrNARo
Oktober 2014	1N6cvG1ey2V3QwARiqfJHZsBoen9DNkb4A
November 2014	19qskRcX7xPNyYt16G7Fq694WQnLKbJ7YJ
Dezember 2014	1N9Y5zbmKdwCy9GDVwp1PPtWTfX2DdZpcp
Januar 2015	16xoKHQU7VfCfmKDNKwDhC7QKcHMqD1pTn
Februar 2015	132ApeVLDZpnjWkDu36ZH8MtWUUJ1YJhbR
März 2015	1EiBZnDi8C3buptRWhd17JTviRPWZnEEB6
April 2015	1BosqcJQjDRd3wvSVfeg1TnNoadf99kWdP
Mai 2015	14qz2tRjxa8C3on6jsSRdcYFLXgmeWugtk
Juni 2015	162jiu6dzbLcxeyyUqgt9gUXZ5tMZx8sqD
Juli 2015	1F2wD71sTMazCLUB4oEz2xqT1xGD6dTiVW
August 2015	1Cqas9sWnDxdcbNF1FmiCxcripSQmcrSqD
September 2015	16ab1hDBiXce2UbFsA1MZzF6WfYowfDmPs
Oktober 2015	1GiAkm4vDqsgbCd1FkUb2vQMYekHa1ELzc
November 2015	1PuReXV5RCZjc3Bo68VLzWXnaTtoMmdEvk
Dezember 2015	15uq5r3iYW5JU66esCXo6zqhTk8yqqXj4c
Januar 2016	1JqH1MXya6ZZhz8rwxpGjvVsn9k3TovChn
Februar 2016	1EfheHt4Z5b7DCU69JdDS2FjHSJWyK66va
März 2016	1pgQZrqD1QT4Nepzuxmsmz1oQ7y6AGVq3
April 2016	1PRMA2QG2ZZAZs1jZ5ruwzbUMdWR6HZFUy
Mai 2016	1EFyyyDRtP8eG9BS2SF9YAGqtHeq453ptY
Juni 2016	1HMb3zQN1CTFWaUVvWPJifHvzz2E8rv2PK
Juli 2016	13g5pKKrRaM9iWbfmH8BZx7zQDBMcV5rZU
August 2016	1M8FhNn7JcxKZTpvGKA4T3s6QwFfxDNTgG
September 2016	1J7KfWrNiHJLiRUKTTWSz9zkBVRmHwqmEz
Oktober 2016	14hxWQ6RrRcp4LSmLj7sEAx5ekrTAovSjY
November 2016	14JKT9bCubwb4HC3fxWN4ue43HQGaGVckX
Dezember 2016	1HAdwn1jnEYPhmDBrqnU74E1bn2b8w6zCm
Januar 2017	18eKUU64ZtS1C2QdGte7dMPPkLAcNz4ph5
Februar 2017	1HJi6ZWytSGKv7pXVXRSGUX91Cb1nPpVyC
März 2017	1HbsZTsMNfC73wufkf6LKw2Tm63Xwk44Yq

10.000 Dollar

Dezember 2013	15bqwPAMpAdtmgMyJeV7JvJgHZfmUsXNPd
Januar 2014	185mEQ3aXrYzJCfcWHHipERw8bo931YQRE
Februar 2014	1Giq1acm962Axbmn9Q8ZWJhJLsH6AJewNe
März 2014	19DpJb26Ni7yCjCKrqG3sg1Mx2WD4J88bw
April 2014	1Px2stApjQuoNZXYxReUUf1EkrgxgADz9Q
Mai 2014	1FimX2HCpQQchUKgKFFfR3D8VFDPEHyBUu
Juni 2014	1GXQr4vU8kt5WjGduKuqRFnCZRQqdQU31q
Juli 2014	1JYVkb6wBiM1iuYHDXhGBynGcV2Afixou3
August 2014	1AGTGEGkTVU91bFfNaVM6rUC5J2G1NQHQs
September 2014	19epRCBQMvjS4ZAMMba8FN5v2vHg2rTAz6
Oktober 2014	1MQX1H8oCcSSAVrLEsTY9QM1ioJjTBH7Tg
November 2014	1CPPZ8DZUdDG6hynAAXEZeZiMTzbFW1zh7
Dezember 2014	1FNYSEptxA1NDUK6c4qRTzAkmJ6bCUdRo1
Januar 2015	175tMjqJCaSMHcrvvJYXhRJjiRgwou2rBW
Februar 2015	18BtXaTVU3khw5UyE9Dumh7qd3r4vzSPPT
März 2015	13dSxtJNakcEVAn4cRZb9nSDJPKd11rdaC
April 2015	129ZFeReyC9HehSdjpeA558Sumg3z5zqzR
Mai 2015	1FRDwuH94VX28NJhbZKV1YdAVWPRoGeQL4
Juni 2015	1KE2Q4DyHgE3MFoRnfGUQFLGMmGi3knuob
Juli 2015	1CRKVu8h2EfvUswkpVS7hetDB8p3g35j9w
August 2015	1NQwvnqTSAdm8hTLQkLogF49wXnnkP8AbY
September 2015	1GSATnsNqw8cdyAzu5SX49nfamiHiLrLeY
Oktober 2015	12mpZgmrvNtVvco6uQRTzKLKkTpWwuPU4P
November 2015	15GT22tyfoih1uTJiftUFA8g9JpXk4qEH4
Dezember 2015	1LAnFWkB8haZPXUVoikSuEbKuFLHryQskB
Januar 2016	1G2HeYKvfHHHi6NsJcYFRGTukyfsGYtF9h
Februar 2016	14oyZLRYM7v3wGsacv3Cipdi3odRSgR2bR
März 2016	14rchM2z3FRMRchPhYqCYiwchKc9waSzMn
April 2016	1D9Dpgbk4zcn3RWDyhhK8DUcQsw4ipSpSf
Mai 2016	1NgHd4EcU2M52L6GYrnGnRooQDoN8G29nx
Juni 2016	1NjFWLJQ3c64tysFybUqsXRNGz4N4VfzBU
Juli 2016	1GuNtvwdeFBFYEqs78Pb3Kj3MvYBC5PdDD
August 2016	166voaCDz1bN9V7QPhdbqLtQ3nprLNYEai
September 2016	1JzycNChEw4FsbTRUUNxRQAGhtALG39yAp
Oktober 2016	13uGTn6utRAgetekKZqeDH3RmAbjp4pT7V
November 2016	1B3S1m84BnWGxFTcRtnrozFWvPLV3EE4tV
Dezember 2016	1Cqt917UPWbLLMHwuYPsqXHkt5aKEwHmng
Januar 2017	19bBtnYxE41JbzxmDW8ymrTmNgLNYNnQuH
Februar 2017	186aRWjXfzCZbU56vDqgXLMyDaYj6ksHz2
März 2017	1F42BUrF2TFDs8FEc2mcd2K4D87x3YNwog

10.000 Dollar

April 2017	1E4LDDAzkzoQbFeSbfVNUJ5R7vG7vTiPrn
Mai 2017	15k3gxcDHdunm7jaP27v62BeEG34JmNZZ8
Juni 2017	1NrVe6XFWTLnyoaboF2hpgJRMrzVhxwXvJ
Juli 2017	1HvRtXdonmkVPh46HGSjAU9bHjCQf5YkwC
August 2017	1FwQFh8fb8FpQfU7mEF5vVtE82FyVKnKWZ
September 2017	194ZUHazm2ou1KE6KkFqvgJfyBAfBNqoUE
Oktober 2017	1G1oW4Wor5FUfPmgzVKZyq7NQavXufBvNi
November 2017	1GmsxSTkmUfxeXmqx8XLP2tsAqnGTuC9Ci
Dezember 2017	1AcMyuBYPtqak4XkVrUhFMBAbcgUJ5PnFp
Januar 2018	1Nikvjxgzx3CMyzjd74scCVL6STqgdRzYM
Februar 2018	1L2tgjDNhikG4s3pB5NoEpWqn7nsMSUSYF
März 2018	16sct3twMz6FdhcACxw6quwcxHaggs5Xdh
April 2018	1JFcG1GZyMsrPeD82JU4BQUDy7HMcMxGti
Mai 2018	1DB1pBRE8DqQXEThHwpwoW139QiNFKYKCn
Juni 2018	1Gi3maFCeorWd6Jr6zyL9wap5NATwno9ej
Juli 2018	1HEp1JFSXhP39EnLgkSAtSsYim5PTa7QHA
August 2018	1N9zxCvMq18RVjHgGZD9HCRATvATQSXqUR
September 2018	1ML3vp7MqH7snsKFii3h1Emg4K6s8D33uv
Oktober 2018	1Fv2sZzuGm4Kfzx8eRNa3ryb7bGR74ot9N
November 2018	1Ci8Yi9LbBaFB5pb9AsQdwKubq3qke8BS6
Dezember 2018	161ytTr3zw5CqyhqE3kux4xH2KyXtzHs4y
Januar 2019	1NvgdXX7BAuGUFtoSVesWsZGHtN8S1hua2
Februar 2019	1Q8CnU91VSjEJahLyYsU3T92FkvFvCEqDe
März 2019	12bPeuHWrF19RqYtbt5d8yqAbqQcMcoh1a
April 2019	13DSd9MEXkMyHwbejeNprhEELnpxWYxHCS
Mai 2019	1AC6LXZhjs6AjV8daeuWsC8mUKpjhPB7gE
Juni 2019	17b7UMboEKF7ZHRyaFvtsEyk1tyZ8iQNH5
Juli 2019	1AfgBCz9zMT5UTSYMDwdrfVu2atTHYXaUx
August 2019	1G4d5MxTNvm15VFCzJToHN7mgVNUyZj2Vh
September 2019	1BNSn5a2N6PWELUQ5xJeG4ApskpXrKHnHJ
Oktober 2019	1AbU7UkDKj944zGxQMQE9TvLQzppcnZB2t
November 2019	157xgMcK8sQ4oBdb1f3aCYREu2JA3CSnyZ
Dezember 2019	1KQet2KjUtYMBNzGJyY3C7WbGUidegJ8gH
Januar 2020	1N8su7oPhicSubyJvQGgtRKdpWubqTggn5
Februar 2020	1MzZUKKy9KqwSsuQ35SHteSQxeKcQNLZvz
März 2020	19hieB1VvSWnmQ5LaxArnZZZTsFPnwg13K
April 2020	1B4zWR5n5wStDphpsEbiHpLrUhF2iSXFks
Mai 2020	1AHgeeJ5Yissi7Wa3zCspJ6tRQY1NdaQHD
Juni 2020	1LzQYA5JykCirK3KMLApoTdCpwALdU1zpV
Juli 2020	15ctrTJgbuu1UMfn1T4tXY46m7kf1ZcF7G

25.000 Dollar

Dezember 2013	1FoeghMe4vv14ffQbFL3zEVTffhrM5DFby
Januar 2014	12xXpPWFrg7kd16xXTGXLp2AyKzs9GLnBz
Februar 2014	17mQyHYppGLeUUAYK69mF4cMiPumSx8489
März 2014	18y4UYZ4AVNXteeb2rHUoSvCDS7E5hkmce
April 2014	1PGaBsQXYmp9gZ8ykBeRAeWb42fhczPmve
Mai 2014	1CbmL826prJHqaZnWsiCXnJkM4SdCG98ur
Juni 2014	15YPJjScJok95vfAVuMvggU7Q7AHPTNcGL
Juli 2014	14daDzBDasjhioJXt3wSk678qPP9oCC7ha
August 2014	15sTcDimow8BCzPVZkcB2PLP9YvsQCZ1P9
September 2014	19i2g58GhmgtNGXFEkwVPmL6omXj9yM3g7
Oktober 2014	17bTRzFcHqa4P9xwy2szpPVbLLyFQNz2Ms
November 2014	1GyDwuND7gM6MMoQ14iJa9HP7tx3NJ3F3F
Dezember 2014	1BmUteTeFzPPk86vdn2CVs6EmLYJUJog1p
Januar 2015	182ucm786kL17kpJMsG2HRjBdWKBnH7g3d
Februar 2015	1LtbsCbs3W4qVpQZkihXeJ6T2Us3ks3KyY
März 2015	1DjDjZ4pWxft5G5HkuNzNTcB6bhPGocekx
April 2015	1Lw9GjXmv9WxDpZxEwxXMpUdSczxCLk1Wt
Mai 2015	1LMnjwMGdKQB5B3B6ocxXyfLee6bSXrcgR
Juni 2015	1NWCNPRdyKJU8deMnJoSuaWXYcu6oLU2Ad
Juli 2015	1d4hHbWXf9MRxng5Dsgbjqa2XGkPt3CoY
August 2015	1Kga5jUA7RjKiyvUxaXyYeXaDkHTojyx41
September 2015	1JjNi5UmdBWQMexQEkfWYmALxVnk3QHXup
Oktober 2015	1LfFZ1CCJ6Hkv2RwpfRK1mUq4VbK6xks14
November 2015	1A5tCugd7v3bLxkim8NhfNwt4HEkCTcBEo
Dezember 2015	15Mv4qEnugiorXJZ3JGynKtXsCVJiXKhhL
Januar 2016	1HEa4MrGjQFSD6Zsg1o94kboNYuLVQTEEh
Februar 2016	1Aeht3fxbX6tQAGWexmzpJbqoMeHocSi7t
März 2016	1Dq9kavjnacsj7bwJuhYqBNyJK2Gs5no4n
April 2016	1BsSa8SdTdcqo74XQQmff9UFyVhG3PPMUD
Mai 2016	1AXvLr7c5JaXZc6feguQMJg9zs9AyMemav
Juni 2016	135KQyLvUZLRTFzTGKmE7zz5kv5k3RGLvQ
Juli 2016	1A46uQyMxjrgfowHE829fgnGRVNnsXUacJ
August 2016	16GvwKb8dqvHtCVdUgSP8iuhGafJAX4Qee
September 2016	1NKACvER7wZnG8UD6X4KSgTUvJk3a8LdQk
Oktober 2016	1E3RHLzZB6Tj2EEWi59SAhLhZo71Gz25KA
November 2016	12VvqL3ZJgQG3dehh9opr68Z41d56EsCLX
Dezember 2016	1DgXUX6x8QZgNeouLavUA3xcAYRGhXocH
Januar 2017	1LCH2h7BgPtr64C2A3dkSG9mcsCHzQrC75
Februar 2017	1KkTzAH9vRgtwEV5m6jnRoUGghLaLUZLpJ
März 2017	1PYdZRUmUwbKbq8hiK16JP2LaVNeVPgAw5

25.000 Dollar

April 2017	1MhivFqkYwkawkD1e3dNgWQEbJrWFczp33
Mai 2017	1PHtRiCoGPRYCYYegUBTadGoEBsFX59ypg
Juni 2017	167MwCVwMxbAq3x8snh5jcWnFNAZuKASdp
Juli 2017	1KEhVPCPZnYgW6Ct78w1CSxjgEGzAnYRsr
August 2017	1PXPHJYRhGnGahMzXANMgwHM2Wgoa6PnC3
September 2017	1Ctt9u6itaCGsz6HXoDc2NAvQvWFXfDbZg
Oktober 2017	1EBPsMcpcCq2VrTHXdMLEBYr9dfFGArZAf
November 2017	12F8mDJUpt44eFKsaE6EqjZBP7TVDVst94
Dezember 2017	1249u8xZL4XPgsnfRmoUEGmLQyXDxn6VTV
Januar 2018	1L8k3NzBtxorLvvg6Wn2xhhcEhtSv6kCQ3
Februar 2018	1MFBUYm15eekXCFr1DyWXXv8TyL5iZra3D
März 2018	1MCqUHbQjFDps4BFaR8tZftoL7LSsysTFB
April 2018	1AMq91L2bS4AWeHX8uhL1yJrN2t7XxHbxh
Mai 2018	1NTDNnaNJZ3pPyvmv8oa8xYwXerzJEhDC9
Juni 2018	1L9oqua4kBxKATF5AKZKLTjhWda8tYrNuA
Juli 2018	15G32zwFip7CJJcm4HWD29NckNZg7GLnPo
August 2018	1FFxTJCyueJfnNWAxRWaRVCPR2ox9RAwkoN
September 2018	1PqkQq8LktsjA5o1vHha9zLjqL2BPWZ54G
Oktober 2018	1HtfsXKoHYDY4phmowHfJS7g9CpZ4tSAkd
November 2018	18yJynW6qAXTisz8bUUXie5kkvyfqxBpGc
Dezember 2018	1yzmgww9Ldb4kk7K9irp3TXJfDRdQZtSU
Januar 2019	1777oi2cSgTSoVeyPmPK2iierQ88d6kvLx
Februar 2019	1CMJWLZJ9zfRhe5CcpQLpUpi8aMzLRzjyX
März 2019	1FhYXCsDtqjm9HKkLj4MuuG1YSMqWfZR4A
April 2019	144NbmN3AF23ZsbiZ8hpyqYR9wKd4PnF75
Mai 2019	1JAQxXzaj5tEVFUCUreJDDkSiMFFTZvJqX
Juni 2019	17M4dwvdKzhQvF6cCFAk4KFSGm6E5YSa9q
Juli 2019	1AMYFFggD7cjanTdRduCwxTUGGh4372T8d
August 2019	1MXgB85oJDRk34jVKhVTwuSxSog3CcWp3L
September 2019	1MnnqDDz956V5baWKHiLGvwafEUCP9fVk7
Oktober 2019	1A9yUDbMGqxyrLqRx6nb6Y87qSrC4CJWGq
November 2019	1Li4iou9EGuJ8MHjftMCu88mCpiYJ7E54h
Dezember 2019	18bWb7UxPSPRiQKYDLjA3mntE6At7XqW5K
Januar 2020	16YYivSTRMJ4cCQH66Mf6RcpZaz3kV31zr
Februar 2020	1D8mJUrFH2Jre5nn6SrJQDUWhLWE5nmtWX
März 2020	12CpaHXd9e1e9zneKSUYedKmSRU6oiEB5X
April 2020	1PazpqLAYqhwSxpknXewL6D6zTAsUW16GM
Mai 2020	1HtsR2bHxqzfiXQjCL32zmjBaC91uZaZp
Juni 2020	1BzkQRypTB5x5wFpbmPryMPXapChimUT7G
Juli 2020	19MFqwhqdBoK4bDo8PfbzQQc4TeDUZJ5uA

50.000 Dollar

Dezember 2013	16GN7r3NwPC4kT45BZMQfTJKDCt967jYxt
Januar 2014	1LVVYC9U7EdUqwapN29Qa2FHnxnA79PPNT
Februar 2014	1ECkeejWDcTmqAheqEQKTPhy3Ght4cFN3M
März 2014	1LhWg2n4ccPs6JfAfFwXhJNYn1nyBxRVkL
April 2014	1AH37mepnKmkgdfdw7aUErD2oGPuXDTypV
Mai 2014	1CdrCWTRDjUNVG6oB9V4FUem5eG8isf9o7
Juni 2014	17VAPymRUZDa7GW8QDFMgZnQ2kNo72EuXq
Juli 2014	1CY97EfSLUkY9JwnsXg7jXMGMT6zkEiD9g
August 2014	16gzgzgJEUcA6XFPHmwyR21gMcfA7AwB5f
September 2014	1C13SpvTx1XrGKmC5PUQgGvaHWwipZ8YZA
Oktober 2014	1PmLkNaVt2pb4rAEh6EFfD6cMZEAKXxJ3E
November 2014	18bQHoDi3Bcm2Baytsa2SpF9nywXrVZQUh
Dezember 2014	1J56gyWTKR2r5hNzyjBJMa6tFyYXXxUugm
Januar 2015	1KVXjCMehNTfd4zeyXwc75c7iP6awXP9FM
Februar 2015	13xNfSzTfBHFVvcisgeki5AhDHh1SqTbwE
März 2015	1DWcHFCRZAZyDut8Uf6HThRHCQXKPJSUWL
April 2015	1Azs7YXPm9V4vV2cya5Vm7KWk1WnG7C4d4
Mai 2015	15WFsvJibAy1PBrtLG2brwDwpqMbH1BvK5
Juni 2015	1GLbJM6r32HFf1BcvH9DD6GDfhTwEHHER2
Juli 2015	13cHedTPECg52aaw6pVVR7jZpbp8UmQGup
August 2015	1Frr95qsJrpJFJ8dsixGfrXpTZKhnFFZy6
September 2015	1QBj887mm8sjJAVPY79GCH5zMBqsy2PaRc
Oktober 2015	1Mcw94mvLMmkwqtCkzLmVFPVCR8wRw7q5L
November 2015	1DjXoYbGLb82iqXPW58AyUULi1JhN6Y7WV
Dezember 2015	1FYLwhjkRV89yaxYTcCazKVApU5uAGHddw
Januar 2016	16S8LbmwjuC6uUZZEuJ6Nx5HEjnXzqPaJ4
Februar 2016	1E8LujvwPZHHh9796NwKbB5yJPMFBAeGNr
März 2016	1CsvKSnRMp3nfNuUHfscPSSSWV8cDWMbcn
April 2016	14GbKay2kMAgVzA56ukza3XU4BAVC16B4A
Mai 2016	16knED8RvddWiHWC1wFUFkuBu441uzSfYW
Juni 2016	1PSuc42y2EY7PsvYJqmQM7xqkrqkmYEp1U
Juli 2016	1AD3Ho6JFTKyE5Z9Ner94wmjvxWBuWnNtw
August 2016	1HjHzNu3I I2Q4rKgMpzyqQaPV1bEhwrVhQN
September 2016	12U1Py4zecaTDSwbXyo3p3YUdMFhetBqik
Oktober 2016	1EHRMAKgsjbnyn2qR5Bwtm5PnWWSuw9fwA
November 2016	15Ed4Dw3LtoGZFoigzFhUnUujNnbiwAESk
Dezember 2016	1Mhu7odPLHbC4A2TKTQ2CHqpDP79mpQ8BB
Januar 2017	16MRVejobrXtnHcf1Za8DZS7qHB6ot8sJg
Februar 2017	1A8Ubvx1byyj7g47wKgFHvYZAxqjshPfcZ
März 2017	1M4u62s2kMFQsbyrbHXE2GCEieeX7nB26q

50.000 Dollar

April 2017	1LooErjiyNDkr85Qn3aw4f9nLM43hVhVYW
Mai 2017	1P1GbWuRJfgDMtemSVxsh8mkTuQBtDhrQP
Juni 2017	14zUQKM8wsKqYVuojM6BZfEkLUphRhC2UF
Juli 2017	17kfyt5nn3HSJwuWMD2fjjk8KxkrWwesqs
August 2017	1BcpqWPuNbD8X1PDckgWjntXqWojHNuDhA
September 2017	1NgBWZJLEVAhzfyVfbzoSjtrFDyH5x5Xhi
Oktober 2017	1KSmkp7tqes12bBHPYHvV1psKdZNgYfn3V
November 2017	13jnMvCwrZwesRJXj88vtkcwZBNB7HUMQG
Dezember 2017	1LPBqjEDQFW4BVaD3cGY5cjzBxfSYkHC3v
Januar 2018	1KhwHaHMDdBEVkw2epZfJ3ysRoCDQaANsB
Februar 2018	1EnsEdMtGHqBsr3yUfWwrywogena3Q75ih
März 2018	16LuEjmphHxCoAqjbp7W9U9f15kHix72SP
April 2018	1CFFqjHR6GMRrs6CbFjNPs36b8BroHC15u
Mai 2018	14zn72j8q9qKmWgGw5rRSrSVH9VTog4Mqy
Juni 2018	1DNftPxPxypkPKZQMeVXr1sUQWpn2ToY7U
Juli 2018	18rF2psaWjjicBgS36X8GveacJYkq37ugW
August 2018	1GRpVTMUdAQCbKWa2gjJuBZR4zZFrtt5Ps
September 2018	1Cfkz8y3HA7GNx96UxTbVcM3QUtsjHZVY1
Oktober 2018	1CghjPbYb62AtPJo6hQT3uE3cnowp5a651
November 2018	1KLPqWfou6MgxaP58ZMzeZJaSZFTEbVonT
Dezember 2018	1GbnoPiHXqnEfYs7q2UrGM7z5Ysvd5TyYo
Januar 2019	19EZ2XXXjGmdc1V68f9aWBPRbsdedJmGN7
Februar 2019	1PheqVRcVbJTvbLMh31S2FZg8xzwAR2YiZ
März 2019	1HCfovQKbUsyUwTu8w23c7t4SVqW3Fh3tK
April 2019	1BGkS2kgpBWzphha8hmUkcVRP9wb6NdxG8
Mai 2019	1DbFiEcLjWztJ1YfvUxXKahXm8AkbG1nzW
Juni 2019	1547efVyaBEnWJpTYTieoYf9dsogZsAXR8
Juli 2019	1Dxy6h98iMy4hiwBqwzR2b25PcPLFf9LWe
August 2019	1JVrMftmKLesLaR3UyLUgymskuEoRRbshi
September 2019	12M9uBNybTvaCkL74qJetwhAyrYFJksrdk
Oktober 2019	1C8QPF1HjKfDpqaWrNrZCm5VNoUKaDPbUh
November 2019	1FvspdJWQskGv7FDNWohyTVffDXaARG4X1
Dezember 2019	15UQsS96V7Jp4h3BJQXRzYgAmD4pw21YUV
Januar 2020	1HSn5LPxdGp1mm8xEWYp7FCZKvGYRvuB5r
Februar 2020	17WWdpoU9pUFDTgcKNkKwNDVojHjMfSSiC
März 2020	17UuKmYk7CotNk8bC6CN1iUHqhRtaJVpot
April 2020	17PB7vSN63nAF9GMB87SNrrqNuTAc5QFFJ
Mai 2020	1K7p1Y9zEiryK9G88hMZZWSyZNN42q9gFr
Juni 2020	1Q1L7D9SSa1gXCrki2EG3eGrRSmjoByE4BF
Juli 2020	16aJabRHT73vizBz7ns4EZPiDvHcPab9vX

100.000 Dollar

Dezember 2013	1NZTX9GKUdejR4Tcc2fnyCox3opr2SqLrw
Januar 2014	1Mamq6iFRxrZZBfG4s6dbzrzDEQCpHKV5W
Februar 2014	1Coomez4dt62EhApyNMeiR1iuZfPwYjadn
März 2014	1BKDEbABaoCoHMfqyjvNgtVtRnKHgByUu7
April 2014	1BerChNKoynbgsVLVkFNaAqFK3PbwsTc5x
Mai 2014	1JkVS5H7hEaGBKsNzh6QD7Hsq32ewstGJt
Juni 2014	1F9pVrgWqgqMwFN4riCLbBsR4f9racKqYQ
Juli 2014	1GFvuTMRPrudFCeLXtp8F5QHwEmnn9Eyk4
August 2014	1MpmKBmtoTkcd2ydTJjdZ8HerrPWbgkbh6
September 2014	1NigENRzj6kpjNEuLjQ8KcHzy6Ma5P4WwV
Oktober 2014	1DHTndZvEL7eTBZ9aaxHcJNavMoyJzyiLP
November 2014	189w4EP3iq68SLZWiGwBB7YBwfkGUPKYwH
Dezember 2014	16UKt5sX5gjkVxcveMz5edGH5TDgtzRBSY
Januar 2015	1vqdf2TMwcdUQRjbscjrynQxiYb2c9Mbf
Februar 2015	1AvqqgsXukATy3yegABfsezdAaEG8gBMtK
März 2015	1BP5TZvNqmqEJe9dnfRmXWFapqQTDjp9TT
April 2015	15TMgzq8UX7Z94dotv8vg4w3HJoudqSH9w
Mai 2015	1DbzYBueXCNqxde9VMyrew1JKnuSohhoDp
Juni 2015	1QHMeTwzFmgTnw5ewDky3bKzyPrAFftqZy
Juli 2015	15eN1UNZRyMoEGRmSiMrG2jLCD2GdBL9hM
August 2015	1KWD9hTAztHy1fxVySHm7Q6D8n4B96TZ4P
September 2015	1CiSSVMjt8WGgQTiGmAZmSXY4UHYBUm4DJ
Oktober 2015	1DBkuSkXKCyVNFtThs98KQkybaoBzFo7WJ
November 2015	1NhLUTqzL8yr5SpGaCeHCYTNsMCuxshboz
Dezember 2015	12BjdBoxVna7fZBbHqsBEQaUUe3apkDPdn
Januar 2016	1FdcR6tiYZw9MtiCpnK7u7tU5pu3mq4bCD
Februar 2016	1HNHzdFW47gk23qn4Pt7bBU6gRMJFwDvBx
März 2016	16mGEquAwZ7wJQY3cMtDt1wJyFGruYGkd5
April 2016	1Ju7QLnZCJLfYxkijEKZJw3VPUxbo8mxMU
Mai 2016	1MWXFyNMa82h4aabtQFJKLR2uoAizGcRNk
Juni 2016	15yFvdEh8RC3CA8Ggpkw3ju7k2aQRUABfU
Juli 2016	1EYqvCQsLXTpXeSczwPD8fa6KEA76iFdZa
August 2016	18eGbnm71LSFTayD1982HW5Cjd6zkFEGa7
September 2016	1NsBLCjnsLkBnMkQ2eGQ1C19xp9FRyQcxv
Oktober 2016	1GYP8NWC2ZdrwX8YmjRCdJ4cGGU3ZHW8Fe
November 2016	1Q4tAf57hHuY1WiNGaVhLWNMsn8SUcyB7x
Dezember 2016	1Ch5Y17jBqLkuyx6mNPHzw9A87zrjTRb98
Januar 2017	1PDxLvzokozp19yntrN4YAicTZbrirtmRW
Februar 2017	1BSAEs8VPgsj3y4geyE2yUdxsVfscfeRfa
März 2017	19NftceV482msSJBBioHQ8hUNzepfJiV9p

100.000 Dollar

April 2017	14RczPBoJ8ug4Cei5h3RQPNxsskBoB7gVv
Mai 2017	14cpx88B81ahNfrinRAjNJNve9jiRJXe2e
Juni 2017	1DDVho4YbvwJeaKrLHwpbdySQmJDPFfehR
Juli 2017	1Lr6sEwneLJtGn3FSjPMPVe1DhtrXbZmzQ
August 2017	15pbkQjNT75193qYwWsP6C87tQwS7xXvT4
September 2017	13D4sXcD9SzmYCmXv14ZsPTyTZTYQ4UKZX
Oktober 2017	1233CZcsoNXzxE48nvmnK1qskuXDnMsxC2
November 2017	1Ge87KPpjeg7u92FCMtKkKS51C6ZEUJ8Yy
Dezember 2017	1JGkL8EvdtCCU7krv6P9jnuM9isyZwziEW
Januar 2018	1Kx7dJSKF4pBtvAiv4XMSwbBKQ661QgvyA
Februar 2018	1QF3kid3GMxm2HPadfQyAq5hTWqsj65xgY
März 2018	1NH5qA8Zt6UqDMstLwEeYNGn2nkaTwzDSE
April 2018	18LSChksxxk9d8Sh85D9hc8WqcLPgs4pwb
Mai 2018	1ARXg31uDzkctSoUZGLRWaP8HBDd2ovyr7
Juni 2018	1HfLm7PRx5fiv2HqCAMvqoqyfSdVAW1kyL
Juli 2018	1HhdCGB2QbSWv5bK2ziXBn1uNZ7MjEfdKN
August 2018	1NCey1jff8PvgN6LtqHcAygJberWb9BgdH
September 2018	1HsW3PPpc9dLPrAHndygtbLfzn1qAqZrEv
Oktober 2018	123yRczLAuMb8ePya5ud7tS6TvpJaMKSwu
November 2018	1LtGgci11Gei84YDQsJVdUtbwbtfn3apmV
Dezember 2018	1LrX8RkJWKUGf25xih3BV2KnQBN1crW9RG
Januar 2019	17MhzQppvAkoncqWagCmQBzXYiK57V6zTf
Februar 2019	1GbboVwdPzQSReMhbQfwporL9dUjgy6QsJ
März 2019	1A11Mf9jKUXWjuowXLKRNRmDvoygQkWRwE
April 2019	1PqN4DyEru32fxp7gVS2rgQPMSedMs4tkF
Mai 2019	17cEmjY38wuM5uM9ZoUW1GYCz3iWbkNr4h
Juni 2019	183CEbZ7LviY8W9VTiCHQp8Fwh8DCkDfyG
Juli 2019	1FGBWTuAR6YzeNNyYLFXZC71MBRR3jyDUf
August 2019	1PCwfkUCJt3kXnR5PDh7wrHWsHsqQFKJH
September 2019	1GY9tGdHtjk8CX4aVVPTn5YForXW1eFBEh
Oktober 2019	18mxYKz12gznaFMA9joN1F3Q2ahom4wQDE
November 2019	19Gz6FoT8id71gGBx57TrELwj3tyB64WVo
Dezember 2019	18PNj64NnmHoPs6qxmgUPJDAqRj2PS6TuN
Januar 2020	1AjvBKyXmMufuBmPoBkc4MbdZGzD6dii9T
Februar 2020	13Wv5WWEjjbWHx9HL6Dm7aHsur5e3Hk4qA
März 2020	1C9bCkQDxHWkjgUfKoAvosyAZXYKxLv6cR
April 2020	13p4od9GyYBxhgiNe8EYiNwSUuBrhxhhwU
Mai 2020	1CfVSQWDkAw9jpxBSbXax6N2fQHbYRizp9
Juni 2020	1BMDqVJqzgKpCiJNZtDr5n1RzaTr4tEcND
Juli 2020	1PfHdZKjKzzQB8GRVXhry2vUjEgxqaoGtB

1.000.000 Dollar

Dezember 2013	1Brvihuc3Fo8Pcb1NN8FcvCqybyyJB8nCF
Januar 2014	1GvcbiVafMBeTUD5MfjAPur7TydMCrdvtj
Februar 2014	18pfKSgsuKxfweFN8BdD3bPy4Kvvxy1xzo
März 2014	1BkosSz2XUvutEuAYmZxbCF7TPPpcWYX9Y
April 2014	157g5dQfqB9oiDjiw8m2zpU1c7GZRteguM
Mai 2014	1AuBUa3tkQByZWkxk7hKpASSPK9t4P3z8m
Juni 2014	1C31c4VWPYcJVpn2hks48yYJnvooz5H9Te
Juli 2014	1FNDtmRRkaX7cEQJ2yqWXp2fVa6D6uFH4y
August 2014	16kZeBAxXa4yRzLpTL3qWniX8fytxmFuJk
September 2014	1BzpZVGQsFhhkgHfu6e4SSh25wXc6FPf3R
Oktober 2014	19M4xiMF1n9L6ZV9M6Zh7TW4gvrbCgqVBt
November 2014	1NmdhpcRy5coh89CX1qVPW5BsBW27nTjGd
Dezember 2014	12ATLozVmDuhX2J6qFNLakGbHRqwHwXA65
Januar 2015	1AMYUaNvr1Yod99zB5zvWKD5EdL4L8wZnN
Februar 2015	19XohGaprLVeRQfBDo3H3nzYDZQhhgzgiq
März 2015	19m8Xmfyjyrg7fhPjPGoJ5w6om8zruFmCZ
April 2015	16mdd8AouGDAT3zxGWzp5MUYWRBfnx12GE
Mai 2015	16bzFBAPo2xzESsrS5dp8NvuSx74a7uSw4
Juni 2015	17RM8oxgEm2pM1QfbeHXGi3DK5tygHDUxD
Juli 2015	1FKkk8ZeSG1zcnzfbvtXGSD2MxFhPKga6X
August 2015	196CqBBzmAnwAUsvBq5fAFRBpqnmmNbpCC
September 2015	1LTq3X7stfB9rAKHZUdDzgkqr6xC3ZhKBY
Oktober 2015	1AN1FmriAsSzS6p89EKNCFfWisuyMXV1Pd
November 2015	1JaqmQ7bLuKL2JDwVDQ5mTzX7wUzjsw8yc
Dezember 2015	1KRrTgeT9CCkXDLfFXoWmm4A9PdEYeZYP4
Januar 2016	13s6DKrLQk5mjepy3K2jxZ6fKFpmEUEKy9
Februar 2016	1PFX8sQJkF1cnAQbKzCbiz9FbuhQWUokQp
März 2016	1LWWYB3nzyfLJVQNmRTDTaSewygiFWqfHX
April 2016	15FozZJQ8xUZLRwu1GxZx4TyxcR1qeMPxu
Mai 2016	12wjqh3sGebTcrh7Jv7rArsRDRs3gXfWkw
Juni 2016	1DJVyD1g1WkiHFov1L149vJv79rYdC4B1d
Juli 2016	1BWe35hTHcSCxMudTBbw4oeCotRY4oV6Qr
August 2016	16UPrZbuXiEn7CmUqN4ZSmqyU5k4o8ecLE
September 2016	1PBYDdU3iJLU1BigbbFpVVrqtUt9N6PZ9N
Oktober 2016	18werBvHLwCj5N4vC1Qkqp1ft77XW2vx7m
November 2016	1Mq521bUkZomJzVRMX7RwPb4Jcr2EzqwJb
Dezember 2016	1GBH81m1ahrqQ3X3jiTBUMvwRccShudmHJ
Januar 2017	1M56BxN2ZdABHF9jaahTtycceaEBUDDQB8
Februar 2017	17JvoDhREaEoAqNVPwf9JaafxDJCRVatyR
März 2017	1N59wmktxN6Hu6CWyCK9pd6ur8DhjYjr8y

1.000.000 Dollar

April 2017	1Grt2fKvLhZ92HWGLjp1sjoqCo6GFHnPF8
Mai 2017	1HL7Ke6dTovANmk7UN8b2F7S2XFHYmxZDm
Juni 2017	1PLz2mrbzPvocNE57Q25S31yWRr1QWLWY6
Juli 2017	1HvS7nAS7G2Fj7eSphC5a6CZY9SCDe4MUU
August 2017	1DyoXcQ4m52RtrWR6r6sjxyKbrmL4yj3Kr
September 2017	1GjEf41ygZtQKDytYgX6738Q1vJZRab3Gi
Oktober 2017	1FypJdXuMZmW1Kba71mkjHXky4J7FcFaCh
November 2017	1D9WvfLL668h3ZYyVWX1KpUbkM8TpUCMKM
Dezember 2017	19uRMj3tsSqz4bpAvpDVXENt7ibzybix83
Januar 2018	1MQQ625L6hCvCapKc5sZBscd29AGej74hW
Februar 2018	1DTjsHMnivT9URmLLehFW8oe52rGCpVo4u
März 2018	16jSF8otNjqpcJw9VJJ8LGUGsoSg4Sz4ey
April 2018	1Jco1Y93iaBy1hRbN9E7q22MGKgMMgaLCV
Mai 2018	1HV3us3eanJkJbeHBitTWhsd4YGywExtYa
Juni 2018	1QDgLLrLAJmzYHZy2jTNUKuLPfNp6CigqQ
Juli 2018	1nbUSiYH7mRYsB3vTokDPQop9DBBa47w4
August 2018	1AMwxHNwbygG7ScQ26uQ8xveyUW9QJxyBN
September 2018	1K66MktmbgYmHBMzqYeA5r6RFyrS2M6g5d
Oktober 2018	14Fwfb1Sx925iAgk22LCVzfiAYQBjWT7jY
November 2018	1AktnT1hMrGGLM73bh1jsZ2rdmyBPgcPLh
Dezember 2018	15JCB3PuK19MkfDvr6V8qEqG57HLc3EZJS
Januar 2019	1CotMhTtUPkBu41qSBvBGsPKwCqeeSFV5X
Februar 2019	1LpqoHGYfutetoxYCqTEAgBmdZiPZG6Lbp
März 2019	19S96kYJA6MsqRwMwTQCqTQkgaWq1ZNRvJ
April 2019	1E8aThGeskWWnU5Bv7Mk2NTc9Qu8jvTdzw
Mai 2019	197dRNBSpkSMD7DPPmP8YhT7Bgv7rcjHst
Juni 2019	1DkEE36utteZCxcUryTnj1XUL7zpWjFMv2
Juli 2019	14ecN4rgPfKyvTrifSw536wa5Y6X8wbtyu
August 2019	14NY9vG5fFerzB6xbDm5LYd1kqJ5dYUJUK
September 2019	1F3ecCsgSUWbi1rhrwD4XSqw4vb3A3YajW
Oktober 2019	1HATFTwqPxJMhrPR1xjozcV4zV4h3fjy6i
November 2019	1PTfVfYXz21riEsBiTP8P4oV481fXHbmzb
Dezember 2019	1GQqfk9QiNBuqnaQkjDzsYv677Xy8V2HR5
Januar 2020	1Lykso6yRAcKJRDK1MLoxjrK61E4ADCAKz
Februar 2020	15zubSVNg7QvfCVF2tqiFJQjULmyqGZpm6
März 2020	1D3MU1dkveHiM3ZA1GBazafHM7BJ7RECQE
April 2020	1LFwhLTDMGSWvZQQFJC3ag2JKMy7ZbEaHz
Mai 2020	12hd62aqqXC3rL3CLzDQywn9mBaFnLtwRh
Juni 2020	1KaLR7KMgUpGMhrgjQK19kWCEvRZm658eP
Juli 2020	1NwXTscE3WgM32Z7pphbgqUTwuAEaUiX72

Wichtige Begriffe

Bitmessage
Ein auf dem Bitcoin-Prinzip basierendes Nachrichtensystem. Es funktioniert wie Email, ist aber spamfrei. Bitmessages leben nur zwei Tage! Sie müssen sich also regelmäßig einloggen und sollten den Client (das Programm, die App) wenigstens eine halbe Stunde lang laufen lassen.
Mit Bitmessage können Sie auch so genannte Broadcasts empfangen. Das entspricht ungefähr einem Newsletter beim Email-System.
Bitmessages sind sicher und nicht ausspähbar. Standardmäßig ist der Bitmessage Client darauf ausgelegt, über das Tor-Netzwerk zu senden. Sie müssen also vorher Tor starten.

www.bitmessage.org

Blockchain
Die Blockchain oder Blockkette speichert alle Bitcoin-Transaktionen.

Broadcast
Eine Nachricht im Bitmessage-System, die jeder empfangen kann, der die Absenderadresse kennt. Wer die Absenderadresse nicht kennt, kann den Broadcast nicht empfangen.
Der Absender eines Broadcasts kennt, anders als beim Email-Newsletter, den Empfänger nicht.

Chan
Kurz für Channel. Ein Nachrichtenkanal im Chatsystem. Dort werden zum Beispiel Informationen über Bitcoins und Kauf- und Verkaufsanfragen veröffentlicht. Oft voller Spam, weshalb immer mehr Anwender auf Bitmessage umsteigen.

Client
Software, die der Anwender benutzt. Der bekannteste Client, mit dem man das Bitcoin-System benutzen kann, ist der originale QT-Client. Ein Client ist hier ein Programm, eine App.

Fiat
Künstlich geschaffenes Geld, wie Euro oder Dollar. Im Gegensatz zu Kryptowährungen wie Bitcoin, die von keiner zentralen Stelle erfunden wurden.

Hashpower
Rechenleistung. Je größer die Hashpower ist, desto wahrscheinlicher ist es, einen Block zu lösen und die Miners-Reward, die Belohnung von z. Zt. 25 Coins zu bekommen.

Key
In der Wallet werden keine einzelnen Bitcoins gespeichert, sondern so genannte keys, Schlüssel. Ein Schlüssel besteht aus einem privaten und einem öffentlichen Schlüssel. Der private Schlüssel muss unter allen Umständen geheim gehalten werden, weil man damit Bitcoins ausgeben kann.
Der öffentliche Schlüssel ist die Bitcoin-Adresse, an die man sich Bitcoins schicken lassen kann.
Die keys sind Zahlen- und Buchstaben-Kombinationen aus ca. 20 bis über 50 Stellen.

Mining
Das "Schürfen" von Bitcoins. Miner benutzen Hochleistungscomputer, um die mathematischen Rätsel zu lösen, die das Bitcoin-System vorgibt. Damit bestätigen sie, dass die Transaktionen gültig sind und Bitcoins nicht mehrfach ausgegeben werden. Als Belohnung erhalten sie die Miners-Reward von aktuell 25 Bitcoins pro gelöstem Block.

peer2peer
Computer-Verbund, in dem die einzelnen Mitglieder gleichberechtigt sind. Jeder Bitcoin-Benutzer hat die selben Rechte wie alle alle anderen.

Pool
Um die immer schwieriger werdenden Aufgaben eines Blocks lösen zu können, schließen viele Miner ihre Rechner in einem Pool zusammen. Ein Mining-Pool ist eine Gruppe von oft vielen Tausend Minern, die ihre Hashpower zusammenlegen und die Miiners-Reward unter sich aufteilen.

QR-Code
Quick Response, schnelle Antwort, ist ein zweidimensionaler Code, der von Scannern und Computer- und Handy-Kameras gelesen werden kann. Bitcoin-Adressen werden oft in Form von quadratischen QR-Codes, die ein Muster aus schwarzen und weißen Quadraten enthalten, weitergegeben.

Satoshi
Der oder die Erfinder des Bitcoins. Es wurde nie veröffentlicht, wer sich hinter diesem Pseudonym verbirgt.

Zu Ehren von Satoshi wird die kleinste Bitcoin-Einheit, ein hundertmillionstel Bitcoin, Satoshi genannt.

third party
Dritte Partei. Im Gegensatz zu peer2peer hat eine third party mehr Rechte und Möglichkeiten als alle anderen Benutzer. Betreiber von online Wallets sind meist third parties. Third parties zu benutzen widerspricht der Bitcoin-Idee, lässt sich in manchen Bereichen aber noch nicht völlig vermeiden.

Tor-Netzwerk
Ein Teil des verborgenen Internets, das nur mit einem speziellen Browser durch surft werden kann. Früher galt das Tornetzwerk als sicher und unzensierbar. Heutzutage gibt es viele Hinweise darauf, dass das Tornetzwerk kompromittiert ist.

www.torproject.org

Wallet
Die Wallet, Brieftasche, ist die Datei auf dem Computer in der die Keys gespeichert sind. Ohne die Keys kann man nicht über seine Bitcoins verfügen. Wer seine Wallet verliert oder sich stehlen lässt, verliert seine Bitcoins.
Es gibt keine Möglichkeit, eine verlorene Wallet wiederherzustellen!
Verschlüsselte Wallets, deren Passwörter vergessen werden, sind normalerweise nicht wieder zu öffnen.

Informative Internetadressen (alfabetisch)

Dies ist keine Werbung, und der Autor spricht keine Empfehlung aus. Ebenso wird für die Richtigkeit und Rechtmäßigkeit der dort veröffentlichten Inhalte weder Gewähr noch Haftung übernommen.

bitcoin-life.com
Vermögensbildung und Altersversorgung auf Bitcoin-Basis. Sichere und höhere Renditen als bei eigener Aufbewahrung von Bitcoins. Teilnahme ohne Bitcoins über third party möglich: www.hufeisen-gmbh.de/Bitcoin

bitcoin.de
Deutscher Handelsplatz zum An- und Verkauf von Bitcoins. Ist an die Fidor-Bank angeschlossen und erfordert vollständige Identifizierung nach dem Geldwäschegesetz.

bitcoin.it
Viele, vor allem technische, Informationen zum Bitcoin.

bitcoin.org
Standard Downloadseite für den Bitcoin-Client.

bitcoinwisdom.com
Sehr leistungsfähiges Chartsystem mit vielen Einstell- und Auswahlmöglichkeiten.

bitmessage.org
Sicheres und spamfreies Nachrichtensystem. Bitcoin-Benutzer abonnieren den monatlich erscheinenden Broadcast "Mind The Gap" und erhalten kostenlos News und interessante Informationen. Bitcoin-Unternehmen können dort annoncieren: BM-2cXKqzaRjjKcYv2HkW71PHBTMyDPZP141D

bitstamp.net
Leistungsfähiges Handelssystem mit der Möglichkeit Bitcoins in und von verschiedenen Währungen zu tauschen. Mit Bezahlmöglichkeit an fremde Bitcoinadressen.

blockchain.info
Informationssystem zur Blockchain mit vielen Statistiken und einer online Wallet.

blockexplorer.com
Quelloffenes System zur Abfrage der Blockchain.

de.wikipedia.org/wiki/Bitcoin
Alles, was der Einsteiger über Bitcoin wissen muss.

mtgox.com
Die maßgebliche Börse für den Bitcoin-Kurs.

nvvk.de
Spenden für Menschen, die eine Auszeit von materieller Knappheit nötig haben. Mit der Möglichkeit, selbst begünstigt zu werden. Sehr luxuriös!
Gutes tun und dabei einen Vorgeschmack auf den Reichtum erleben.

torproject.org
Ursprünglich entwickeltes System, um sich anonym und unzensiert im Internet zu bewegen. Gilt nur noch bedingt als sicher.